Dr. Sarah Straub
Wolfgang Link

Wohlfühlküche bei Demenz

Ausgewogene und sinnes-anregende Gerichte für Betroffene und Angehörige

riva

Bibliografische Information der Deutschen Nationalbibliothek
Die Deutsche Nationalbibliothek verzeichnet diese Publikation in der Deutschen Nationalbibliografie. Detaillierte bibliografische Daten sind im Internet über http://d-nb.de abrufbar.

Für Fragen und Anregungen
info@rivaverlag.de

Wichtiger Hinweis
Ausschließlich zum Zweck der besseren Lesbarkeit wurde auf eine genderspezifische Schreibweise sowie eine Mehrfachbezeichnung verzichtet. Alle personenbezogenen Bezeichnungen sind somit geschlechtsneutral zu verstehen.

Originalausgabe
1. Auflage 2023

Türkenstraße 89
80799 München
Tel.: 089 651285-0
Fax: 089 652096

Redaktion: Caroline Kazianka
Umschlaggestaltung: Karina Braun
Umschlagabbildungen und Abbildungen im Innenteil: Sylwia Erdmanska-Kolanczyk, S. 174: Peter Neher, S. 175: Sabine Schmieder
Satz: Daniel Förster
Druck: Florjancic Tisk d.o.o., Slowenien
Printed in the EU

ISBN Print 978-3-7423-2190-9
ISBN E-Book (PDF) 978-3-7453-1951-4
ISBN E-Book (EPUB, Mobi) 978-3-7453-1953-8

Wir produzieren nachhaltig
www.m-vg.de

Weitere Informationen zum Verlag finden Sie unter

www.rivaverlag.de

Beachten Sie auch unsere weiteren Verlage unter www.m-vg.de

Inhalt

Grundlagen und Theorie

Nicht das Ende des Lebens, sondern ein Teil davon: Plädoyer für ein würdevolles Leben mit Demenz

Das Jahr 2022 begann für die Weltöffentlichkeit mit einem Paukenschlag: Die Fachzeitschrift *The Lancet* veröffentlichte Forschungsergebnisse, welche bis zum Jahr 2050 eine wahre Explosion der weltweiten Demenz-Fälle voraussagen.[1] Während 2019 etwa 57 Millionen Menschen weltweit an Demenz erkrankt waren, werden es 2050 hochgerechnet bis zu 153 Millionen sein, also fast dreimal so viel wie im Moment. Eine kaum fassbare hohe Zahl, die vor allem auf das Bevölkerungswachstum und eine immer weiter steigende Lebenserwartung zurückzuführen ist. Je älter wir werden, desto höher ist das Risiko, an einer Demenz zu erkranken, und bis dato gibt es keine ursächliche Therapie, nichts, was die so fatalen pathologischen Prozesse im Gehirn aufhalten könnte.

Verschiedenste Forschungsgruppen und Demenzinitiativen warnen bereits seit vielen Jahren vor steigenden Demenzzahlen, welche unser Pflegesystem an seine Grenzen bringen werden. Fakt ist nämlich, dass die personalbedingten Versorgungslücken in der Pflege stets größer werden. Im Jahr 2030 werden bereits ca. 500 000 Pflegekräfte fehlen,[2] um die Versorgung der zunehmenden Zahl an Pflegebedürftigen zu gewährleisten. Pflege wird also immer mehr von den Angehörigen übernommen werden müssen, was große Herausforderungen mit sich bringt, wenn diese Menschen nicht oder nicht ausreichend geschult, überlastet und allein gelassen sind.

Die Frage, die wir uns stellen müssen, ist, ob es auch Chancen in dieser Entwicklung geben kann. Die Antwort darauf sollte ein überzeugtes Ja sein. Wenn es immer mehr Menschen mit Demenz gibt – und es sieht schon jetzt so aus, dass jeder Zweite im Laufe seines Lebens als Patient oder als nahestehende Person von dem Thema betroffen sein könnte –, kommen wir nicht mehr umhin, es endlich zu unser aller Thema zu machen. Kein Tabu mehr, kein Verdrängen, kein Kleinreden. Eine Demenzdiagnose bedeutet nicht das Ende des Lebens. Wir müssen begreifen, dass das Leben auch mit dieser Diagnose lebenswert sein kann. Öffnen wir also unsere Augen und Herzen für die Betroffenen und sprechen endlich offen darüber, wie man mit dieser Krankheit ein würdevolles Leben führen kann.

In einer immer älter werdenden Gesellschaft, in der die Medizin in der Lage ist, eine Vielzahl früher potenziell tödlicher Erkrankungen zu heilen, müssen wir einen Weg finden, Demenzerkrankungen noch stärker als einen Teil unserer Lebensrealität zu begreifen. Während bei 65-Jährigen das Risiko, an einer Demenz zu erkranken, bei weniger als zwei Prozent liegt, beträgt es bei den über 90-Jährigen schon etwa 40 Prozent.[3] Nach Berechnungen des Rostocker Max-Planck-Instituts für demografische Forschung könnte inzwischen jedes dritte neugeborene Mädchen das 100. Lebensjahr erreichen, bei den Jungen jeder Zehnte.[4]

Knapp die Hälfte der 100-Jährigen dürfte kognitive Beeinträchtigungen haben, es gehört also Stand heute zum Älterwerden dazu. Dabei gibt es verschiedene Demenzformen, die sich ganz unterschiedlich äußern, und je älter wir werden, desto wahrscheinlicher wird es, dass sogar mehrere Pathologien gleichzeitig vorliegen. So oder so darf eine Demenzdiagnose nicht einfach »den Anfang vom Ende« bedeuten. Viele Demenzformen, und dazu zählt auch die im Alter häufigste, die Alzheimer-Demenz, sind schleichend fortschreitend, das heißt, sie beginnen erst einmal kaum merklich und unscheinbar, mit Wortfindungsstörungen oder Vergesslichkeit. Ja, die Symptome werden natürlich stärker. Irgendwann tut man sich schwer im Alltag, kompliziertere Aufgaben gibt man lieber ab, man sucht Halt in Routinen und ist schneller gestresst als früher, findet sich immer schlechter zurecht in dieser Hochgeschwindigkeitswelt. Alltägliche Probleme, die man früher ohne nachzudenken gelöst hat, werden plötzlich bedrohlich, Herausforderndes wird anstrengend, Unbekanntes macht vielleicht sogar Angst. Aber bedeutet dieser Eintritt in einen letzten Lebensabschnitt, dass man weniger Anrecht auf ein gutes Leben hat? Natürlich nicht! Der Erhalt von Lebensqualität und das Thema Teilhabe sind vielleicht DIE drängendsten Themen für ein gesamtgesellschaftliches Umdenken im Umgang mit Demenzerkrankungen. Auch die Bundesregierung hat die Tragweite dieser Überlegungen erkannt und in ihrer »nationalen Demenzstrategie« die Stärkung gesellschaftlicher Teilhabe von Menschen mit Demenz zur Chefsache erklärt.[5] Trotz der Erkrankung sollen Betroffene und ihre Angehörigen ihr Leben im gewohnten Umfeld gestalten und am gesellschaftlichen Leben teilnehmen können.

Teilhabe und Lebensqualität – dies kann im Einzelnen für jeden Menschen ganz Unterschiedliches bedeuten. Der eine singt gern im Chor, die andere geht eher radeln, der Dritte arbeitet am liebsten im eigenen Garten. Aber es gibt auch die Annehmlichkeiten im Alltag, bei denen wir uns alle einig sind, die für uns grundsätzlich einen hohen Stellenwert haben und die für uns alle Lebensqualität bedeuten. Sie werden mir sicher zustimmen: Genussvolles Essen gehört da eindeutig dazu.

So verbinden wir, Wolfgang Link und Dr. Sarah Straub, für Sie unser beider Expertenwissen über Ernährung und Kochen bzw. Altern und Demenz und zeigen Ihnen mit diesem Buch, wie Sie sich als betroffene Familie ein großes Stück Lebensqualität ganz einfach nach Hause holen können. Rezepte für Jung und Alt, die auf krankheitsbedingte Veränderungen der Ernährungsgewohnheiten ebenso eingehen wie auf demenzspezifische physiologische Beeinträchtigungen und die gleichzeitig lecker sind und allen schmecken. Als Familie gemeinsam zu essen, in entspannter Atmosphäre und mit köstlichen Gerichten auf dem Teller – das ist der denkbar einfachste Weg, Lebensfreude zu erleben.

Lassen Sie uns aber zuerst näher auf das Thema Demenz eingehen. Wissen über die Erkrankung ist die Grundvoraussetzung für Enttabuisierung und gesamtgesellschaftliche Veränderung. Daher sind im nächsten Kapitel erst einmal wichtige Fakten für Sie zusammengestellt. Nach dem Lesen werden Sie sich gut informiert fühlen, was der Begriff »Demenz« eigentlich bedeutet, welche unterschiedlichen Formen es gibt und was Sie regeln müssen, um sich für ein Leben damit optimal zu wappnen.

Die ersten Zutaten: Demenzwissen kompakt

Älter zu werden hat Auswirkungen auf unseren gesamten Körper: Beispielsweise schlägt unser Herz langsamer, die Elastizität der Blutgefäße nimmt ab, Geruchs- und Geschmackssinn, Sehen und Hören werden ebenso schlechter wie die Muskelkraft – die Liste der altersbedingten Veränderungen ist endlos und macht auch vor unserem Gehirn nicht Halt. Je mehr Kerzen auf unserem Geburtstagskuchen brennen, desto schwerer tun wir uns, multitaskingfähig zu bleiben, wir fühlen uns weniger belastbar oder können uns neu Gelerntes schlechter merken. Es ist, wie es ist, auch unser Gehirn wird eben älter.

Die Veränderungen, die bei einer Demenzerkrankung zu beobachten sind, haben mit denen eines normalen Alterungsprozesses jedoch wenig gemein. Hier liegen eindeutige Krankheitsprozesse im Gehirn vor, welche das Hirn schädigen und so die geistigen Fähigkeiten der betroffenen Person reduzieren. »Demenz« ist dabei ein Oberbegriff für verschiedene Hirnerkrankungen unterschiedlichster Genese, die mit einer Störung vieler höherer kortikaler Funktionen, einschließlich Gedächtnis, Denken, Orientierung, Auffassung, Rechnen, Lernfähigkeit, Sprache und Urteilsvermögen, einhergehen.

In der Allgemeinbevölkerung kennt man immer noch vor allem die Alzheimer-Demenz, denn sie ist die häufigste Demenzerkrankung in höherem Lebensalter. Bei Weitem ist sie aber nicht die einzige Form des erworbenen kognitiven Abbaus, die Ihnen in Ihrem Leben begegnen kann; lassen Sie uns daher die wichtigsten Demenzformen grob skizzieren. Demenz hat nämlich viele Gesichter.

Primäre Demenzen: Alzheimer, vaskuläre Demenz und mehr

Als »primäre Demenzen« werden all diejenigen Demenzformen bezeichnet, bei denen das Gehirn selbst erkrankt ist und somit unumkehrbare Schäden entstehen. Dabei unterscheidet man die sogenannten neurodegenerativen Demenzen, welche als Konsequenz eines fortschreitenden Nervenzellsterbens im Gehirn auftreten (und zu denen die Alzheimer-Demenz zählt), und die vaskulären Demenzen, welche die Folge von Durchblutungsstörungen im Gehirn sind.

Neurodegenerative Demenzen beginnen schleichend, unmerklich, schwelen oft viele Jahre bis hin zu Jahrzehnten »unter der Oberfläche«, bis sie dann in höherem Lebensalter mehr und mehr bemerkbar werden. Das Zellsterben im Gehirn demenzkranker Personen hat dabei je nach spezifischer Ausprägung ganz unterschiedliche Ursachen, immer gleich jedoch ist die Tatsache, dass sich dieser Prozess wie ein Lauffeuer ausbreitet. Das Zellsterben wird immer großflächiger, die Defizite wie Vergesslichkeit, Orientierungsschwierigkeiten oder Sprachstörungen immer schwerwiegender. Irgendwann führen schon einfache, routinierte Alltagstätigkeiten zu Überforderung – die Erkrankten werden zunehmend pflegebedürftig. Am Ende einer neurodegenerativen Demenz wird diese die Lebenserwartung des Betroffenen verkürzt haben. Wie lange die Erkrankung im Einzelfall andauert, lässt sich nicht zuverlässig vorhersagen. Bei der Alzheimer-Demenz beträgt die Erkrankungsdauer im Durchschnitt zwei bis sechs Jahre in einem leichten Demenz-Stadium sowie ein bis sieben Jahre im späteren Verlauf. Dabei ist die individuelle Erkrankungsdauer auch abhängig von Alter und Geschlecht des oder der Betroffenen.[6]

Die Alzheimer-Demenz macht ca. 60 Prozent aller neurodegenerativen Demenzen aus und tritt am häufigsten in höherem Alter auf.[7] Vor dem 65. Lebensjahr ist sie viel seltener und kann durch eine Genmutation verursacht sein.[8] Benannt ist die Alzheimer-Demenz nach ihrem Entdecker, dem Psychiater und Neuropathologen Alois Alzheimer (1864–1915), der die Krankheit Anfang des 20. Jahrhunderts erstmals beschrieb. Bei jedem Patienten zeigen sich die Symptome etwas anders, grundsätzlich charakteristisch jedoch sind zu Beginn leichte Gedächtnislücken, Lern- und Reaktionsschwächen, Wortfindungsstörungen und Orientierungsschwierigkeiten. Die Betroffenen sind häufig antriebslos, verschließen sich gegenüber Neuem und leiden mitunter sehr unter ihren Defiziten – wenngleich ein Teil der Patienten schon früh in der Erkrankung die Veränderungen nicht bewusst wahrnehmen kann; dieses als Anosognosie bezeichnete fehlende Störungsbewusstsein wird mit Fortschreiten der kognitiven Beeinträchtigungen häufiger.[9]

Im weiteren Verlauf werden die Symptome immer eindrücklicher, und die Patienten benötigen im Alltag mehr und mehr Unterstützung. Autofahren, das Bedienen technischer Geräte, die eigene Steuererklärung – das alles klappt nicht mehr, weil die Gedächtnis- und Denkstörungen einfach zu stark sind. Am Ende sind die Patienten nicht einmal mehr in der Lage, allein zu essen oder auf die Toilette zu gehen. Sie sind bettlägerig und somit vollständig pflegebedürftig.

Die Ursachen der Alzheimer-Demenz sind komplex und immer noch nicht vollständig erforscht. Was wir wissen, ist, dass es bei dieser Erkrankung im Gehirn zu charakteristischen Proteinveränderungen bzw. -ablagerungen kommt: Eigentlich natürlich vorkommende Eiweiße reichern sich fehlgefaltet als Klumpen (sogenannte Beta-Amyloid-Plaques und Tau-Fibrillen) in und zwischen den Hirnnervenzellen an und stören deren Kommunikation. Es kommt zu einem fortschreitenden Zellsterben. Auch Entzündungsprozesse scheinen eine wichtige Rolle in der Krankheitsentstehung zu spielen, daneben werden weitere Faktoren diskutiert. Wissenschaftler auf der ganzen Welt forschen fieberhaft an den Grundlagen der Alzheimer-Demenz und entdecken immer wieder wichtige Zusammenhänge. Bis diese alle vollständig geklärt sind, wird es jedoch noch dauern – und somit auch die Entwicklung wirklich wirksamer Medikamente. Klar ist für den Moment, dass das Erkrankungsrisiko durch eine gesunde Lebensweise durchaus gesenkt werden kann.

Eine weitere Demenzform, die sich mit ganz anderen Symptomen präsentiert als die Alzheimer-Erkrankung und meist in jüngerem Alter auftritt, ist die frontotemporale Demenz. Hier sind es nicht Gedächtnisstörungen, die zu Beginn deutlich werden, sondern Verhaltensauffälligkeiten oder – weniger häufig – Sprachstörungen. Stellen Sie sich vor, Ihr Partner steht mitten im Leben, ist Mitte 50 und voll berufstätig. Plötzlich bemerken Sie zunehmende Veränderungen in seiner Persönlichkeit und seinem Wesen, beispielsweise verhält er sich in der Öffentlichkeit taktlos, handelt völlig achtlos und impulsiv, kann zwischen Richtig und Falsch nicht mehr unterscheiden, distanziert sich emotional immer mehr von Ihnen, ist reizbar und beginnt, ohne Maß Süßigkeiten in sich hineinzustopfen. Das vielleicht Belastendste für Sie als Angehörige ist: Ihr Partner hat überhaupt keine Krankheitseinsicht und fühlt sich kerngesund.

Würden Sie bei solchen Symptomen und diesem Alter an eine Demenz denken? Wohl eher nicht. Zu den häufigsten Fehldiagnosen, die in diesem Stadium gestellt werden, zählen das Burn-out-Syndrom, die Depression oder Schizophrenie. Nur: Diese Symptome sind wirklich Ausdruck einer neurodegenerativen Gehirnerkrankung. Sie beginnt nicht wie die Alzheimer-Demenz in den Hirnarealen, die für die Gedächtnisbildung wichtig sind, sondern im Stirn- und Schläfenbereich des Gehirns. Dort, wo unter anderem unser Sozialverhalten gesteuert wird und unsere Emotionen kontrolliert werden. Der Verlauf ist freilich wie bei allen anderen neurodegenerativen Erkrankungen: Sie schreitet fort, führt zu immer größeren Einschränkungen und mündet wie die Alzheimer-Demenz in Pflegebedürftigkeit und Tod.

Es gibt noch eine Reihe weiterer neurodegenerativer Demenzen. Da wäre zum Beispiel die Lewy-Body-Demenz, welche ebenfalls nach ihrem Entdecker bzw. dem Erstbeschreiber der hier spezifischen Nervenzellveränderungen im Gehirn benannt wurde (Friedrich H. Lewy, übrigens ein Kollege von Alois Alzheimer in dessen Labor). Hier zeigen sich neben Gedächtnisstörungen unter anderem auffällige schnelle Schwankungen der Wachheit und der geistigen Fähigkeiten innerhalb eines Tages sowie optische Halluzinationen. Zudem treten im Verlauf Parkinson-Symptome wie erhöhte Muskelsteifigkeit, Zittern der Hände in Ruhe oder eine Verlangsamung der Bewegungen auf. Charakteristisch sind außerdem Verhaltensstörungen im Traumschlaf (REM-Schlaf), bei denen die Betroffenen infolge fehlender motorischer Hemmung im Schlaf beispielsweise schreien, treten oder um sich schlagen. Eine neurodegenerative Erkrankung kann auch eindeutig und generell erblich bedingt sein, wie etwa die seltene Huntington-Krankheit (früher: »Chorea Huntington«). Träger dieser Genveränderung entwickeln Bewegungsstörungen, eine Demenz sowie psychiatrische Symptome.

Die zuletzt genannten Demenzen sind natürlich viel seltener als die Alzheimer-Demenz. Die zweithäufigste Demenz neben Alzheimer kommt gleich aus einer ganz anderen Erkrankungsgruppe. Hier ist kein fortschreitendes Absterben von Nervenzellen die Ursache, sondern die Blutgefäße des Gehirns sind das Problem. Die sogenannten vaskulären, also gefäßbedingten Demenzen entstehen aufgrund von Durchblutungsstörungen im Gehirn, welche anschließend zum

Absterben von Nervengewebe führen. Eine solche Demenz kann zum Beispiel eine Folge von einem oder mehreren (auch kleinen) Schlaganfällen sein. Sie kann aber ebenso ohne vorangegangenen Schlaganfall auftreten. In jedem Fall gilt: Je älter wir werden, desto häufiger werden solche vaskulären Veränderungen. Die Studienlage deutet darauf hin, dass etwa jeder fünfte von Demenz Betroffene auch vaskuläre Schädigungen im Gehirn aufweist.[10]

Die Symptome sind variabler als bei der Alzheimer-Demenz und hängen immer davon ab, wo genau im Gehirn die Durchblutungsstörung stattgefunden hat. Häufig jedoch sind schon in frühen Krankheitsphasen körperliche Beschwerden wie Gangstörungen zu beobachten, die Patienten laufen unsicher und stürzen oft. Auch die Blasenkontrolle kann gestört sein, ferner sind Lähmungen, Sprechstörungen oder Schluckstörungen häufig. Kognitiv fallen besonders eine allgemeine Verlangsamung (die Betroffenen brauchen länger, um Sachverhalte nachvollziehen zu können, und reagieren schwerfälliger) sowie Aufmerksamkeitsstörungen und Persönlichkeitsveränderungen auf. Der Verlauf ist auch anders als bei der Alzheimer-Demenz und eher in Schüben als kontinuierlich fortschreitend.

Für die vaskuläre Demenz können recht klare Risikofaktoren benannt werden, und diese betreffen hauptsächlich das Herz-Kreislauf-System. Bluthochdruck, starkes Übergewicht, Diabetes mellitus, erhöhter Cholesterinspiegel, Rauchen und Bewegungsmangel begünstigen Gefäßerkrankungen und somit auch das Entstehen von vaskulären Demenzen.

Sekundäre Demenzen: kognitiver Abbau bei anderen Grunderkrankungen

Etwa zehn Prozent aller Patienten haben kognitive Störungen infolge einer völlig anderen Grunderkrankung – die Demenz ist also nur eine sekundäre Folge eines irgendwo sonst im Körper bestehenden Krankheitsprozesses. Dies kann im Rahmen von Stoffwechselerkrankungen, Vitaminmangelzuständen oder durch chronischen Vergiftungserscheinungen durch Alkohol oder Medikamente auftreten. Das bedeutet dann natürlich, dass es die Chance auf Besserung oder sogar Heilung der Symptomatik gibt, wenn die eigentliche Grunderkrankung erfolgreich behandelt ist. Dies ist nur einer von vielen Gründen, warum eine ausführliche Demenzabklärung immer sinnvoll ist. Wann ist es bei Gedächtnisstörungen oder anderen kognitiven Auffälligkeiten überhaupt ratsam, einen Arzt aufzusuchen? Was ist zu tun und zu regeln, wenn wirklich eine Demenz vorliegt? Darum soll es im nächsten Abschnitt gehen.

Auf ein Leben mit Demenz einstellen

Zugegeben, Sie lesen gerade keinen Demenz-Ratgeber, sondern ein Kochbuch. Dennoch möchten wir hier einige der unserer Meinung nach wichtigsten Verhaltensregeln im Umgang mit Demenz darstellen. Nur wenn Sie diese beherrschen und im besten Fall umsetzen, können Sie sich für die Herausforderungen eines Alltags mit jemandem, dessen Gesundheitszustand sich zunehmend verschlechtert, gewappnet fühlen.

Unser Angebot an leckeren Rezepten soll Lebensqualität schenken, Freude in den Alltag bringen und Sie als Familienverbund stärken. Um sie voll genießen zu können, bedarf es bestimmter Voraussetzungen: Sie als Angehörige müssen sich gesund, belastbar und qualifiziert fühlen, für den Erkrankten da zu sein. Die folgenden Punkte sollen Ihnen dabei helfen.

Diagnostik bei Demenzverdacht

Die ersten Anzeichen einer möglichen Demenzerkrankung sind sehr unspezifisch. Gedächtnisprobleme, Wortfindungsstörungen oder Orientierungsschwierigkeiten in wenig vertrauter Umgebung können viele Ursachen haben, da ist eine Gehirnerkrankung nur eine von vielen möglichen Diagnosen. Auch eine Wesensänderung mit beispielsweise depressiven Symptomen muss noch lange keine Demenz bedeuten. Dennoch: Sollten kognitive Veränderungen seit mindestens sechs Monaten bestehen, in ihrer Intensität im Verlauf eher zunehmen, eigentlich alltägliche Tätigkeiten beschwerlich werden und vermehrt Fehler auftreten, ist es definitiv ratsam, sich ärztlich untersuchen zu lassen.

Die erste Anlaufstelle ist in den allermeisten Fällen die Hausärztin bzw. der Hausarzt. Diese sollten für eine ausführliche Demenzdiagnostik jedoch an fachärztliche Kollegen verweisen – genauer: an Neurologen oder Psychiater. Besonders wertvoll kann außerdem der Besuch einer »Gedächtnissprechstunde« sein. Hier bündelt sich ein großer Schatz an Expertenwissen von auf Demenz geschulten Spezialistinnen und Spezialisten. Allgemeinmediziner bieten zwar häufig Demenzscreening-Tests an, welche einen ersten Eindruck der allgemeinen kognitiven Leistungsfähigkeit erlauben, jedoch lassen diese keine Aussage über die spezifische Demenzform zu.

Viele Menschen glauben, eine ausführliche Demenzdiagnostik sei nur belastend und gleichzeitig unnötig und sinnlos, da es keine Therapiemöglichkeiten gebe. Das stimmt so aber nicht. Heilen können wir die primären Demenzerkrankungen zwar nicht, aber lindern allemal. Mit auf die individuellen Einschränkungen der Betroffenen abgestimmten Therapiemaßnahmen kann der Krankheitsverlauf verlangsamt, können Lebensqualität und -zeit gewonnen werden. Dafür muss aber erst einmal so genau wie möglich bestimmt werden, welche spezifische Demenzerkrankung überhaupt vorliegt. Dies ermöglicht es dann, die zu erwartenden Symptome und den weiteren Verlauf einzugrenzen.

Zur diagnostischen Abklärung eines möglichen demenziellen Prozesses ist eine Reihe von Untersuchungen notwendig. Dazu zählen eine körperliche und neurologische Untersuchung, die Erfassung des kognitiven Status mithilfe einer ausführlichen neuropsychologischen Untersuchung, die Bestimmung verschiedenster Laborwerte in Blut und Nervenwasser sowie die Nutzung bildgebender Verfahren zur Darstellung des Gehirns (beispielsweise die Magnetresonanztomografie, MRT). Eine genaue Befragung des Betroffenen sowie einer nahestehenden Person über medizinisch relevante Informationen (Anamnese) ergänzen die Angaben.

Nachdem andere Ursachen für die kognitiven Defizite ausgeschlossen und genügend Hinweise auf das Vorliegen einer Demenzerkrankung gesammelt worden sind, stellt die behandelnde

Ärztin bzw. der behandelnde Arzt eine Diagnose. Diese ist für Angehörige und Freunde meist ein großer Schock – verständlich, denn sie bedeutet eine unumkehrbare Situation und ändert den weiteren Lebensweg der Betroffenen grundlegend. Lebenspläne müssen schweren Herzens angepasst werden. Um eine solche Diagnose bewältigen zu können, ohne zu verzweifeln, ist es von enormer Wichtigkeit, sich ein Sicherheitsnetz zu weben, das einen auffängt.

Aufklärung und Beratung

Hat die behandelnde Ärztin bzw. der behandelnde Arzt die Diagnose mitgeteilt, stehen die Familien erst einmal vor einem Berg an Fragen: Wie wird die Erkrankung verlaufen? Wann werden welche Symptome auftreten? Welche Therapiemöglichkeiten gibt es? Wann wird der bzw. die Betroffene pflegebedürftig? Es ist daher extrem wichtig, dass Ihre Ärztin bzw. Ihr Arzt sich die Zeit nimmt, die Diagnose genau zu erklären und Ihnen als Familie die Möglichkeit zu geben, Fragen zu stellen. Die Studienlage ist eindeutig: Die Gabe von Information über die Krankheit ist für Angehörige von Menschen mit Demenz eine der wichtigsten Voraussetzungen für einen konstruktiven Umgang mit der Situation.

Auch wenn uns im Moment noch keine kausale Therapie zur Verfügung steht, keine Medikamente, welche Demenzerkrankungen heilen können, so gibt es eine Reihe nicht medikamentöser therapeutischer Interventionen, welche unendlich wertvoll sein können. Sie zielen darauf ab, erhaltene Fähigkeiten bestmöglich zu stabilisieren und so den Erkrankungsverlauf zu verlangsamen. Lassen Sie sich von Ihrer Ärztin bzw. Ihrem Arzt beraten, welche Therapiemöglichkeiten bestehen und zu dem Betroffenen am besten passen. Sie bzw. er wird Ihnen dann ein geeignetes Rezept ausstellen.

Auch in einem frühen Stadium der Erkrankung, wenn der Alltag noch einigermaßen gelingt, ist es wichtig, sich über nötige Vorsorgeschritte und denkbare Unterstützungsmöglichkeiten von außen beraten zu lassen. Nur so können Sie als Familie oder nahestehende Personen einer zu erwartenden Verschlechterung des Gesundheitszustands gestärkt begegnen und – wenn es so weit ist – in Ruhe die nötigen Schritte einleiten, um sich Hilfe zu holen.

Demenzberatungsstellen, örtliche Alzheimer Gesellschaften, Pflegestützpunkte – in jeder Region finden sich solche Angebote. Hier können Sie sich aufklären lassen, welche konkreten Versorgungsstrukturen es in Ihrer Gegend gibt, und gemeinsam passgenaue Lösungen für den bestmöglichen Erhalt Ihrer Lebensqualität suchen. Egal, ob geschulte ehrenamtliche Alltagshelfer, welche stundenweise Betreuung anbieten, Tagespflegeangebote oder ambulante Pflegedienste – zu all diesen und weiteren Entlastungsleistungen können Sie sich ausführlich beraten lassen. Schieben Sie auch die Themen Vorsorgevollmacht sowie Patienten- und Betreuungsverfügung nicht auf die lange Bank, selbst wenn Sie das Gefühl haben, das wäre aktuell nicht nötig. Um diese Dinge kann man sich nicht früh genug kümmern. Auch die Einstufung in einen Pflegegrad ist früher möglich, als man gemeinhin denkt, und schon zu einem Zeitpunkt sinnvoll, wenn noch keine körperlichen Einschränkungen und keine tatsächliche Pflegebedürftigkeit vorliegen. Durch die Einstufung in einen Pflegegrad erhalten Sie sowohl Pflegegeld als auch Pflegesachleistungen, welche Ihr Alltagsleben positiv beeinflussen werden.

Eine Wissenschaft für sich: Ernährung und Demenz

Deutschland, wie es isst, der Ernährungsreport des Bundesministeriums für Ernährung und Landwirtschaft, fasst die aktuellen Trends in Sachen Essen und Einkaufen der Bevölkerung zusammen. 2021 gaben 91 Prozent der Befragten an, dass ihnen bei Lebensmitteln deren gesundheitsfördernder Aspekt wichtig sei. Dabei gilt: Je älter wir werden, desto mehr Bedeutung bekommt gesundes Essen in unserem Leben. Der Anteil steigt von 85 Prozent bei Befragten zwischen 14 und 29 Jahren auf sogar 93 Prozent bei den über 45-Jährigen.[11]

Und tatsächlich: Die Art unserer Ernährung hat großen Einfluss auf unsere Gesundheit. Dennoch die schlechte Nachricht gleich vorneweg: Alzheimer heilen geht so nicht. Verschiedene Ratgeber und Kochbücher versprechen das zwar gerne, aber es gibt keine wissenschaftliche Grundlage dafür. Es ist gerade deshalb eine so erstaunliche These, da wir Forscher die Ursachen und selbst die pathologischen Prozesse an sich innerhalb und außerhalb unserer Hirnnervenzellen noch gar nicht vollständig verstanden haben. Dennoch bieten uns verschiedene Autoren schon die Lösung für alles.

Was aber sehr wohl stimmt, ist, dass etwa 40 Prozent der Demenzen weltweit verhindert werden könnten, wenn Risikofaktoren wie jahrelanger Bluthochdruck, Schwerhörigkeit, Rauchen, Depression, Inaktivität oder Diabetes vermieden würden. Auch stimmt, dass es ein komplexes Zusammenspiel zwischen Altern und Ernährung bzw. Ernährung und Demenz gibt. Dieses Kapitel ist überschrieben mit »Eine Wissenschaft für sich« – und wir haben damit sicher nicht übertrieben. Lassen Sie uns nun einige dieser Zusammenhänge erörtern.

Eine ausgewogene Ernährung bietet eine optimale Versorgung aller Strukturen des Körpers mit genügend Energie und Nährstoffen und ist deshalb ein wichtiger Grundpfeiler für den Erhalt von Gesundheit und Wohlbefinden. Dabei sollte man darauf achten, die Nahrungsmittelvielfalt zu nutzen und abwechslungsreich und vielseitig zu essen. Ziel ist, eine ausreichende Menge an Kohlenhydraten, Fetten, Proteinen, Vitaminen und Mineralstoffen aufzunehmen.

Demenzerkrankungen sind häufig mit Ernährungsproblemen verbunden, doch auch wer gesund altert, bemerkt Veränderungen im Essverhalten – und das aufgrund völlig natürlicher, altersbedingter physiologischer Veränderungen. Dabei gibt das kalendarische Alter allein natürlich keine Auskunft über den individuellen Alterungsprozess und dessen Geschwindigkeit. Er ist von vielen Faktoren abhängig, wozu Veranlagung, aber auch der individuelle Lebensstil inklusive Bewegungspensum und psychische Einflüsse zählen.

Unsere physiologischen Lebensjahre führen allerdings in jedem Fall irgendwann zu körperlichen Veränderungen. Beispielsweise schwindet

Muskelmasse, wodurch der Energieverbrauch sinkt, der über die aufgenommenen Kalorien gedeckt wird. Betagte Personen essen in der Regel daher kleinere Mengen. Interessanterweise wird der Bedarf an Vitaminen und Mineralstoffen jedoch nicht weniger.

Ältere Menschen sind jedoch auch deswegen früher satt, weil der Magen sich im Alter weniger und langsamer dehnt, verzögert entleert wird und sich anders bewegt. Zudem wird eine erhöhte Aktivität von Sättigungshormonen beobachtet. Mit steigendem Alter kann unser Körper außerdem Nährstoffe nur mehr schlechter aufnehmen, da im Verdauungssystem Veränderungen auftreten. So werden Verdauungsenzyme weniger gebildet und aktiviert und die Darmmotilität nimmt ab. Auch Leber, Nieren und das Harnsystem wandeln sich, was beispielsweise zu einer reduzierten Verstoffwechselung (Metabolisierung) und Entgiftungstätigkeit der Leber führt. Einschließlich des Geschmacks- und Geruchssinns werden unsere Sinne ebenfalls schwächer, was Nahrungspräferenzen ändern kann. Altersbedingt geht vor allem die Sensibilität für die Geschmacksqualitäten salzig, bitter und sauer zurück. Süß bleibt hingegen weitgehend erhalten. Alte Personen empfinden weniger Durst, was die Flüssigkeitszufuhr gefährlich verringern kann. Dadurch kommt es in der Folge zu einer geringeren Ausscheidung von Flüssigkeit über die Nieren, und dies kann wiederum gefährliche Veränderungen im Elektrolythaushalt bedingen.

Altersbedingte körperliche Veränderungen, mit denen wir leben müssen, sind also auch ohne Vorliegen von Erkrankungen deutlich. Wird das Älterwerden dann aber auch noch von kognitiven und körperlichen Einschränkungen, depressiven Symptomen oder sozioökonomischen Veränderungen begleitet, steigt die Gefahr für Mangel- und Unterernährung.[12] Die Folgen sind dann eine Abwärtsspirale in Bezug auf den Allgemeinzustand, denn Ernährungsprobleme führen wiederum zu einem erhöhten Risiko für kognitiven und körperlichen Abbau oder Infektionen.[13]

Auch bei Demenzerkrankungen steigt das Risiko für Ernährungsprobleme. Erkrankt jemand in hohem Alter, können sich natürliche altersbedingte Veränderungen und demenzbedingte Ernährungsprobleme buchstäblich potenzieren. Doch auch jung Betroffene laufen Gefahr, Schwierigkeiten zu entwickeln, ausreichend Nährstoffe aufzunehmen. Häufig kann sogar schon vor dem Vorliegen eindeutiger kognitiver Defizite ein unbeabsichtigter Gewichtsverlust beobachtet werden, dem vermutlich neurodegenerative Prozesse in bestimmten Hirnarealen und entzündliche Einflüsse zugrunde liegen. Diese sind jedoch weitgehend unerforscht.

Während der Erkrankung kommt es bei vielen Menschen mit Demenz zu Gewichtsverlusten verbunden mit Mangelernährung. Letztere geht einher mit einer schlechteren Prognose, trägt zum Fortschreiten der Demenzerkrankung bei und verstärkt die Belastung der Pflegenden.[14] Schon in einem frühen Stadium der Erkrankung bemerken die Betroffenen, dass sie ihren Alltagsaktivitäten nicht mehr auf gleichem Niveau wie vor der Diagnose nachgehen können. Die wachsenden kognitiven Einschränkungen bereiten in Form von Gedächtnisproblemen, Aufmerksamkeitsstörungen sowie Beeinträchtigungen von Planungs-

und Handlungsfähigkeiten Schwierigkeiten beim Einkaufen, bei der Aufbewahrung von Lebensmitteln und der Mahlzeitenzubereitung. Ganz häufig berichten Betroffene, dass sie beispielsweise beim Kochen sogar bei Rezepten, die sie ihr halbes Leben lang schon aus dem Gedächtnis benutzt haben, plötzlich wieder nachlesen müssen; dass sie anspruchsvollere Gerichte nicht mehr zubereiten können, da sie die Abläufe und Handlungsanweisungen überfordern würden; dass sie generell die Arbeit in der Küche als Stress und Belastung erleben. Gleichzeitig ist die Entwicklung einer krankheitsimmanenten Geruchs- und Geschmacksstörung möglich, welche dazu führen kann, dass man bestimmte Lebensmittel nicht mehr verwendet und sich zu einseitig ernährt.

Mit Fortschreiten der Erkrankung ist es durchaus möglich, dass die Betroffenen vergessen, ob sie schon gegessen haben oder nicht. Ein reduziertes Hungergefühl und mangelnder Appetit tragen zusätzlich dazu bei, dass dann zu wenig Nahrung zu sich genommen wird. Umgekehrt kann diese verloren gegangene Wahrnehmung aber auch zur Folge haben, dass die Patienten zu viel essen.

Ab einem mittleren Demenzstadium brauchen die Betroffenen auf jeden Fall Hilfe im Alltag und können sich nicht mehr selbstständig versorgen. Je weiter die Erkrankung fortschreitet, desto grundsätzlicher können die auftretenden Probleme beim Essen sein. So kann es vorkommen, dass die Betroffenen Speisen als solche irgendwann gar nicht mehr erkennen, mit den Lebensmitteln »herumspielen«, anstelle sie zu essen, oder sie im Mund hin und her schieben, ohne zu schlucken.

Bei vielen demenziell veränderten Personen kommt es im Verlauf zu einer enormen inneren Unruhe, welche es ihnen fast unmöglich macht, in Ruhe am Tisch zu sitzen.

Auch Schluckstörungen sind oftmals Begleiterscheinungen fortgeschrittener Demenzen. Häufiges Verschlucken und die damit verbundenen Ängste vor Atemnot oder Erstickung verringern dann die Bereitschaft, zu essen.

Es gibt aber auch behandelbare Störungen der Nahrungs- und Flüssigkeitsaufnahme bei Demenzpatienten, welche durch eine genaue Beobachtung ihres Verhaltens und eine diagnostische Abklärung durch den zuständigen Arzt erkannt und behandelt werden können. Eine der häufigsten Ursachen von Appetitlosigkeit und Gewichtsverlust bei Demenz sind tatsächlich Nebenwirkungen von Medikamenten.[15] Lesen Sie daher die Beipackzettel der verschriebenen Arzneimittel immer ganz genau und sprechen Sie gegebenenfalls mit dem behandelnden Arzt, ob man über eine vorübergehende Medikamentenpause testen könnte, ob dieses wirklich ursächlich für das veränderte Essverhalten ist. Der Einfluss von Medikamenten auf die Nahrungsaufnahme ist teilweise groß: Wirkstoffe, die den Betroffenen beruhigen bis hin zu sedieren sollen, können die Nahrungsaufnahme und sogar den Schluckreflex so schwer beeinträchtigen, dass der Patient gar nichts mehr essen kann. Etliche Präparate erzeugen Appetitlosigkeit, Übelkeit oder Erbrechen. Mundtrockenheit ist ebenso eine häufige Nebenwirkung von Medikamenten und stört die Nahrungsaufnahme. Weitere mögliche Nebenwirkungen sind Darmträgheit, Geschmacks- und Geruchsstörungen, gesteigerter Energieverbrauch sowie Veränderungen des Elektrolyt- und Wasserhaushalts.

Auch psychische Veränderungen können sich auf das Essverhalten auswirken: Depressionen schlagen auf den Magen und sind häufige Begleiterscheinungen von Demenzerkrankungen. Manche Patienten entwickeln im Verlauf der Erkrankung die Angst, sie könnten vergiftet werden, und verweigern deshalb die Nahrungsaufnahme. Diese als »paranoider Wahn« bezeichnete Symptomatik kann großen Einfluss auf Ihre Lebensqualität zu Hause haben. Spezielle Psychopharmaka können helfen, aber hier muss ebenfalls der Beipackzettel genau studiert und mögliche Nebenwirkungen gut beobachtet werden.

Die Schädigungen im Gehirn, welche durch eine Demenzerkrankung bedingt sind, können sich auch auf Regionen ausweiten, welche für unsere Bewegungssteuerung essenziell sind. Nicht selten entwickeln Patienten Parkinson-Symptome, welche sich zum Beispiel in Beeinträchtigungen von Bewegungsabläufen äußern können. Antiparkinsonmedikamente können hier helfen, jedoch gibt es auch atypische Formen, bei welchen die Substanzen leider nicht wirken.

Chronische oder akute Schmerzen können ebenfalls den Appetit oder die Nahrungsaufnahme stören. Besondere Vorsicht ist insbesondere vor Entzündungen im Bereich des Mundes oder der Speiseröhre sowie schlechten Zähnen geboten. Zahnprobleme im Alter sind häufig, da die eigenständige Mundhygiene mit fortschreitender Vergesslichkeit und Pflegebedürftigkeit abnimmt. Zahnarztbesuche werden immer beschwerlicher, wenn die Betroffenen Situationen nicht mehr verstehen und den für Untersuchung und Behandlung notwendigen Anweisungen des Arztes nicht mehr Folge leisten können.

Eine allgemeingültige Speisekarte für Menschen mit Demenz gibt es leider nicht, wir alle haben schließlich unterschiedliche Vorlieben. Die Geschmäcker sind verschieden, das ist bei demenziell veränderten Personen nicht anders als bei jedem anderen auch. Zudem können sich bevorzugte Speisen im Verlauf der Erkrankung ändern. Die Ihnen hier präsentierten Gerichte sollen daher Empfehlungen sein, die Sie sehr gerne als Grundlage für weitere leckere Rezepte für Ihre Liebsten hernehmen können. Es wird sicher notwendig sein, auszuprobieren, was individuell schmeckt und was nicht. Versuchen Sie, eine vielseitige Ernährung umzusetzen, um dem Körper neben Kohlenhydraten, Fetten und Eiweißen ausreichend Vitamine und Spurenelemente zuzuführen und langfristig die Energiegewinnung zu verbessern.

Sollte der oder die Erkrankte nur noch bestimmte Speisen tolerieren – gerade bei Demenzen mit Beteiligung des Frontalhirns kann es zu »Spezialvorlieben« kommen –, besteht die Gefahr, dass wichtige Stoffe und Energie über die Nahrungsaufnahme fehlen. Sprechen Sie in diesem wie auch in jedem anderen Fall von auftretender Mangelernährung mit der behandelnden Ärztin bzw. dem behandelnden Arzt über die Möglichkeit individuell gestalteter Lösungen zur Nahrungsergänzung. Beispielsweise könnte bei entsprechendem Mangel hochkalorische Zusatznahrung als Getränk oder Beimischung zu Getränken Abhilfe schaffen. Diese aus der Idee der »Astronautenkost« (entwickelt in den 1960er-Jahren für die bemannte Raumfahrt) entstandene Trinknahrung ist eine mit einem hohen Gehalt an Vitaminen, Kalorien, Mineralstoffen und Eiweißen ausgestattete Nahrungsergänzung und wird zur Vorbereitung akuter Operationen, in der Palliativpflege oder Krebstherapie ebenso eingesetzt wie in der Geriatrie und der Altenpflege. Studien belegen die positiven Effekte auf das Körpergewicht und den BMI, sodass sie häufig empfohlen werden.

Wir wissen heute, dass bestimmte Nährstoffe eine wichtige Rolle spielen, damit unser Gehirn adäquat arbeiten kann; ihnen wird gar eine modulierende Wirkung bei drohenden demenziellen Veränderungen zugesprochen. Es ist gut belegt, dass beispielsweise ein Mangel an bestimmten Mikronährstoffen wie Vitamin B1, Folsäure und Vitamin B12 von kognitiven Beeinträchtigungen begleitet ist.[16] Jedoch müssen wir hier ehrlich sein, dass eine Supplementierung einzelner Stoffe zur Prävention oder Linderung kognitiver Beeinträchtigungen bei Menschen mit Demenz nicht bewiesen ist. Erst kürzlich wieder untersuchte eine Forschungsgruppe aus Schweden und England die Effekte einer Gabe von Omega-3-Fettsäuren auf bestimmte Biomarker und kognitive Funktionen bei Alzheimerpatienten – ohne Erfolg.[17] Es gibt dennoch eine Vielzahl von Anbietern von allerlei Vitamin- und Nährstoffpräparaten in Kapsel-, Tabletten- oder Pulverform, aber ohne Vorliegen eines Mangels kann eine solche Nahrungsergänzung nicht empfohlen werden.

Lassen Sie uns abschließend festhalten, dass fortschreitende Demenzerkrankungen im Verlauf alle Lebensbereiche beeinflussen; geistige und körperliche Fähigkeiten gehen mehr und mehr verloren – so auch unterschiedlichste Aspekte der Nahrungsaufnahme. Veränderungen des Wahrnehmungsvermögens, der sozialen Fähigkeiten, des Hunger- und Sättigungsgefühls, der Geschmackswahrnehmung sowie Gedächtnisprobleme, Schluckstörungen und ein erhöhter Bewegungsdrang beeinflussen das Essverhalten und natürlich auch das Essvermögen der Betroffenen.

Am Ende des Tages sind es vor allem die pflegenden Angehörigen, welche besorgniserregende Veränderungen der Ernährung erkennen müssen, um zu reagieren – was natürlich keine leichte Aufgabe ist. Versuchen Sie, den Ernährungszustand Ihres erkrankten Angehörigen im Blick zu behalten, da Mangelernährung weitreichende Folgen in Bezug auf Morbidität und Mortalität haben kann: Dazu zählen insbesondere bei Vitamin-D- und Eiweißmangel eine erhöhte Infektanfälligkeit, der Verlust an Muskelmasse und Muskelkraft oder ein gesteigertes Risiko für Knochenbrüche. Um abzuklären, ob eine Mangelernährung vorliegt, gibt es kurze Screening-Instrumente, die Sie in Form von Fragebogen bequem selbst zu Hause ausfüllen können: Das Mini Nutritional Assessment MNA[18] beispielsweise ermöglicht eine strukturierte Erfassung der Ernährungssituation der Patienten, dauert nur etwa fünf Minuten und ist auch für Laien geeignet – es ist also keine besondere Schulung oder Fachausbildung erforderlich. Im Falle eines auffälligen Ergebnisses holen Sie sich bitte Unterstützung durch die behandelnde Ärztin bzw. den behandelnden Arzt.

Unsere Wohlfühlküche kann eine medizinische Abklärung und Begleitung beim Vorliegen demenzbedingter Ernährungsprobleme nicht ersetzen. Sie soll Sie aber in Ihrem Alltag unterstützen und Ihnen mittels einfacher Tipps und Tricks das Leben etwas erleichtern. Bei Gewichtsverlust helfen schon kleine Kniffe wie etwa die vermehrte Verwendung hochkalorischer Zutaten wie Sahne oder Crème fraîche, um ein Rezept gehaltvoller zu machen. Bei Schluckproblemen kann die Anpassung bzw. Homogenisierung von Konsistenzen sinnvoll sein. Diese und andere alltagstaugliche Hilfestellungen finden Sie in den folgenden Kapiteln. Ebenfalls ganz wichtig: Bei allem Fokus auf die Betroffenen dürfen Sie nicht vergessen, auch auf sich selbst zu achten. Nicht selten kommt es vor, dass pflegende Angehörige ebenfalls ein erhöhtes Risiko für Mangelernährung aufweisen, da sie in all der Sorge um den erkrankten Liebsten vergessen, sich ausreichend um sich selbst zu kümmern.

Um den Mahlzeiten selbst ihre emotionale Komponente zurückzugeben und die Nahrungsaufnahme nicht nur als Notwendigkeit zur Versorgung zu erleben, sondern vor allem als Genussfaktor für den Alltag, ist es zudem essenziell, für die richtige Atmosphäre zu sorgen.

Die richtige Atmosphäre für den vollen Genuss

Gemeinsame Mahlzeiten sind der Anker eines jeden Familienlebens und in unserer Kultur ein Symbol für den Zusammenhalt und die Liebe. Sie schaffen Nähe und stärken den Familienverbund, wissenschaftliche Untersuchungen belegen sogar eine gesundheitsfördernde Wirkung.[19] Mit nahestehenden Personen zu essen ist also viel mehr als nur ein Akt der lebensnotwendigen Nahrungsaufnahme. »Gemeinsam statt einsam« lautet die Devise.

Ist ein Familienmitglied von Demenz betroffen, werden diese Oasen des Miteinanders umso wichtiger. Wir müssen nur bestimmte Rahmenbedingungen schaffen, damit Menschen mit kognitiven Beeinträchtigungen sowohl entspannt als auch mit Genuss essen und trinken können. Aber natürlich sollen nicht nur sie profitieren! Mit ein paar kleinen Kniffen schaffen Sie eine Wohlfühlatmosphäre für die ganze Familie, die garantiert für alle gewinnbringend ist! Egal, ob Sie zu zweit oder in einem größeren Familienverbund zusammenleben, Sie alle sollen sich durch diese Tipps nicht eingeschränkt, sondern vielmehr bereichert fühlen. Wir leben in einer so hektischen, schnelllebigen Zeit, dass uns allen etwas Routine und Ruhe am Esstisch zweifellos guttut, bevor wir uns wieder den Herausforderungen unseres Alltags stellen.

Es ist schwer, als Außenstehender wirklich genau nachzuvollziehen, wie Menschen mit demenziellen Veränderungen die Welt wahrnehmen. Zum einen können wir in niemandes Kopf blicken. Zum anderen ist eine Demenz ein dynamischer Prozess, und die eigene Wahrnehmung ändert sich mit Fortschreiten der Erkrankung immer weiter. Was wir uns aber sicher alle vorstellen können, ist, dass unsere komplexe Realität mit ihren unzähligen, jede Sekunde auf uns einströmenden Eindrücken überfordern kann, wenn der Geist schwindet. Wer nur mehr geringe Ressourcen zur Verfügung hat, Dinge rasch vergisst und Situationen nicht mehr richtig einschätzen kann, kann Ungewohntes und Neues schnell mal als belastend empfinden. Deshalb fühlen sich Demenzpatientinnen und -patienten in vertrauter Umgebung am wohlsten und profitieren sehr von unaufgeregten Routinen und Ritualen, die ihnen Orientierung und Sicherheit geben.

Bei Demenzerkrankungen geht schon früh die zeitliche Orientierung verloren. Mahlzeiten helfen dann, dem Tag Struktur zu verleihen. Achten Sie deshalb darauf, dass Sie – wann immer möglich – stets zur selben Zeit zu Tisch bitten. Das wird für manche Familienmitglieder natürlich nicht immer möglich sein. Wünschenswert ist es aber, dass zumindest eine Bezugsperson, vielleicht Sie als Partner, immer (oder meistens) da ist. Eine verlässliche Tischnachbarin bzw. ein verlässlicher Tischnachbar ist einfach etwas Angenehmes, diese Situation ist vertraut und fühlt sich gut an.

Holen Sie die Familie beispielsweise zu gemeinsamen Abendessen zusammen. Hier tun sich die Patienten am schwersten, sich auf das Essen zu konzentrieren, da der Tag schon lang und ermüdend für sie war. Die Betroffenen können besonders apathisch und verlangsamt wirken, im Gegenteil aber auch unruhig und getrieben. Vertraute Personen beim Essen zu beobachten kann anregend wirken und die demenziell veränderten Personen dazu animieren, mitzuessen. Warum das der ganzen Familie guttut? Weil gemeinsame Mahlzeiten den Zusammenhalt stärken. Für den Betroffenen bedeutet das echte Teilhabe; für den Rest der Familie einen selbstverständlichen Umgang mit der Erkrankung. Außerdem geben wir auf diese Weise einem Ritual eine Chance, welches in unserem Alltag immer mehr verloren geht. Dieser ist heutzutage vor allem geprägt durch Zeitmangel, der Trend geht hin zu weniger Strukturen im Tagesablauf. Ernährung wird häufig spontaner gestaltet, sie ist an individuelle Bedürfnisse und Lebenssituationen angepasst. Hier Kompromisse einzugehen und seinen eigenen Lebensrhythmus so auszurichten, dass gemeinsame Mahlzeiten möglich sind, steigert den Wohlfühlfaktor zu Hause enorm.

Schaffen Sie sich zum Essen eine geräuscharme Atmosphäre. Schalten Sie den Fernseher oder das Radiogerät aus und genießen Sie Ihre Mahlzeiten in Ruhe. Ziel ist es, Ablenkung zu reduzieren. Dann fällt es demenziell veränderten Menschen leichter, sich auf die Mahlzeit zu konzentrieren.

Neben dem Geräuschpegel sollte das Ambiente allgemein auf eine Art gestaltet sein, die so wenig Reize wie möglich auf die Betroffenen einströmen lässt. Es verwirrt einfach zu sehr, lenkt ab und hält so vom Essen ab. Geräusche, Gerüche, Möblierung und Tischdekoration – alles hat einen Einfluss auf die Lust, zu essen. Die Studienlage ist hier eindeutig: Eine angenehme Beleuchtung, ansprechendes Geschirr, Vermeidung von Lärm und Ablenkung haben positive Effekte auf die Essensmenge von Demenzpatientinnen und -patienten. Konkret bedeutet das: Gestalten Sie das Esszimmer gemütlich, aber übersichtlich, um Sinneseindrücke zu reduzieren. Vermeiden Sie es, auch wenn es schwerfällt, das Zimmer zu dekorieren, und verringern Sie so die Anzahl an Gegenständen im Raum. Je weiter fortgeschritten die Demenz ist, desto wichtiger werden farbliche Kontraste für die Betroffenen, um sich zu orientieren. Verwenden Sie deshalb gerne Teller mit farbigem Rand, die sich gut von einer schlicht gehaltenen Tischdecke abheben. Leuchten Sie den Essbereich zudem gut aus und achten Sie darauf, dass die Mahlzeiten attraktiv aussehen. Das wissen wir schließlich alle aus eigener Erfahrung – lieblos angerichtetes, zu lange gegartes Essen, wie man es früher aus so mancher Kantine kannte, verdirbt eher den Appetit, als dass es ihn fördert.

Generell gilt immer: Nur weil jemand an Demenz erkrankt ist, heißt das nicht, dass man ihn grundsätzlich anders behandeln muss als jemanden, der nicht erkrankt ist. Beziehen Sie ihren betroffenen Liebsten ein, sprechen Sie entspannt beim Essen miteinander, kommunizieren Sie auf Augenhöhe! Studien belegen, dass so der bestmögliche Erhalt der Fähigkeit zu sozialer Interaktion unterstützt wird. Fördern Sie die Selbstständigkeit des Erkrankten so lange wie möglich und nehmen Sie ihm nicht alles ab, auch wenn Fähigkeiten schwinden. Das Benutzen von Messer und Gabel wird natürlich immer mühsamer, Tischmanieren werden nach und nach verloren gehen; das wird Ihnen durchaus immer wieder mal die Notwendigkeit zur Nachsichtigkeit abverlangen. Mit einem Löffel geht es aber gleich leichter, lassen Sie das zu, wenn es so weit ist.

In einer Welt, in der wir an Demenz erkrankte Menschen als vollwertige Mitglieder unserer Familien, unserer Gemeinschaft und Gesellschaft begreifen, muss es und darf es selbstverständlich sein, sich auf sie einzustellen. So wie wir unser Lebensumfeld ganz automatisch anpassen, wenn wir Kinder haben, können wir auch Kompromisse schließen, wenn wir mit einem kognitiv eingeschränkten Familienmitglied zusammenleben. Achtsamkeit gegenüber den Bedürfnissen des anderen und ein empathischer Umgang sind der Grundstock einer demenzfreundlichen Welt.

Zu guter Letzt lassen Sie uns darüber sprechen, was Sie für demenziell veränderte Personen tun können, wenn die Erkrankung schon weit fortgeschritten ist und sie »der Welt entrückt« scheinen – zeitlich, örtlich und zur Situation nicht mehr orientiert sind, meist auch beispielsweise nicht mehr einschätzen können, wie alt sie selbst sind oder wie ihre Lebenssituation ist. Gewohnheiten und Rituale, die an die Biografie der Person anknüpfen, können da Sicherheit geben und vor Mahlzeiten den Appetit anregen, wenn sie früher in diesen Situationen Teil ihres Alltags waren. Viele ältere Menschen haben früher vor dem Essen ein kurzes Tischgebet gesprochen, vielleicht in ihrer Kindheit? Da gerade weit Zurückliegendes oft noch erinnert werden kann und Gebete oder Lieder besonders fest in unserer Erinnerung verankert sind, haben wir hier die Chance, die Identität der Erkrankten zu stärken und gleichzeitig alte Rituale zu nutzen, damit sie Lust bekommen, etwas zu essen. Es kann daher sehr wertvoll sein, rechtzeitig in Ihrer Familie darüber zu sprechen, was solche Rituale sein könnten, um auf diese zuzugreifen, wenn die Demenz das Wissen um die eigene Persönlichkeit verblassen lässt.

Omas Küche

Grundsätzlich gilt: Alles, was an die Biografie der demenziell veränderten Person anknüpfen lässt, ist wertvoll. Warum nicht auch bei der Auswahl der Mahlzeiten auf die Geschichte eines Menschen eingehen? Sie werden staunen, wie identitätsstiftend jemandes Lieblingsgericht sein kann.

Als ich ein Kind war, habe ich viel Zeit in der ehemaligen Dorfschule meines Heimatortes verbracht. Unzählige Male rannte ich dort die dunkel gebeizte, alte Eichenholztreppe rauf und runter, die von der jahrzehntelangen Nutzung unter meinen Füßen knarzte und ächzte, als sei sie regelmäßig von einer Horde Elefanten überrannt worden. Durch das alte Holz herrschte in dem Treppenhaus ein ganz eigener Geruch, den ich noch heute, 30 Jahre später, intensiv in meiner Nase habe, während ich darüber schreibe und wie kaum etwas sonst mit meiner Kindheit verbinde. Treppen wie diese findet man heutzutage kaum mehr, aber wenn ich dann doch mal ein altes Gebäude betrete, dessen Geschichte noch erlebbar und in dem dieser besondere Holzgeruch allgegenwärtig ist, katapultiert mich dieser innerhalb des Bruchteils einer Sekunde in meine Kindheit zurück. Tausende Erinnerungen schwappen in mein Bewusstsein, denen ich ohne diesen *cue* vielleicht nie mehr begegnet wäre. Es ist jedes Mal ein faszinierendes Erlebnis, auf diese Art mit seiner eigenen Biografie konfrontiert zu werden.

Solche *memory cues* gibt es viele, sie können Situationen oder Gegenstände, Geräusche oder Gerüche sein und sind als wertvolle, positive Werkzeuge nutzbar, Erinnerungen zu ermöglichen, wo man selbst keinen oder kaum mehr bewussten Zugang zu diesen hat.

Unser ganzes Leben und unser Selbstbild fußen auf den Erinnerungen, die wir täglich sammeln. Dabei ist unsere Biografie mehr als nur die Aneinanderreihung von Lebensereignissen, sondern meint auch Prägungen und sich daraus entwickelnde Haltungen und Werte, Auswirkungen von Erfolgen, Misserfolgen, Begegnungen und Trennungen, Krankheiten und Momenten des Glücks.[20] Unser autobiografisches Gedächtnis bestimmt maßgeblich unsere Identität und macht uns damit erst zu einzigartigen Personen mit einer jeweils individuellen Lebensgeschichte. Demenzielle Erkrankungen erschweren den Zugriff auf autobiografische Erinnerungen, wodurch es bei den Betroffenen zu Verunsicherung bezüglich des eigenen Selbst kommen kann. Gleichzeitig sind sie aufgrund der voranschreitenden Gedächtnisstörungen in immer geringerem Maße in der Lage, neue Erinnerungen abzuspeichern und sich damit später an neue Erlebnisse zu erinnern. Das macht demenziell veränderte Personen abhängiger von Erfahrungen aus der Vergangenheit, um positive Eindrücke zu erleben und so ihr Selbstbild aufrechterhalten zu können.

In der Betreuung, Begleitung und Pflege demenziell veränderter Menschen werden seit vielen Jahren autobiografische Erinnerungen mittels Biografiearbeit und Erinnerungspflege genutzt, um die Identität der Betroffenen zu stärken, positive Emotionen zu fördern, das Wohlbefinden zu unterstützen und ganz basal einen besseren Zugang zu den Betroffenen zu bekommen, indem man sie ganzheitlich anregt. So können auch die kommunikativen und sozialen Fähigkeiten positiv beeinflusst werden.

Das Essen ist dabei ein wichtiger Teil dieser Arbeit, denn es besitzt eine wichtige biografische Komponente. Habe ich heute beispielsweise leckeren Blumenkohlauflauf auf dem Teller (das Rezept dazu finden Sie auf Seite 36), erinnere ich mich sofort an unzählige Abende bei meiner Großmutter, ihr warmes Lächeln und ihren obligatorischen und besten Schokopudding der Welt als Nachspeise. Das ist Teil meiner Lebensgeschichte, diese Erinnerungen haben mich geprägt. Jeder Mensch besitzt solche einzigartigen autobiografischen Gedächtnisinhalte, und die gilt es hervorzulocken, selbst wenn die Person beeinträchtigt ist. Natürlich muss man dabei darauf achten, dass sie auch wirklich positiv besetzt sind.

Beim Erinnern hilft uns unser implizites Gedächtnis, welches unabhängig ist von unserer Fähigkeit, bewusste, absichtliche Erinnerungen an Tatsacheninformationen, frühere Erfahrungen und Konzepte hervorzuholen, wie dies bei expliziten Gedächtnisinhalten der Fall ist. Das implizite Gedächtnis ist unser »Leibgedächtnis«. Hier werden Gerüche, Geschmacksempfindungen, bekannte Melodien und Texte oder die Atmosphäre eines vertrauten Ortes abgespeichert. Sie haben das Potenzial, den Zugang zu expliziten Erinnerungen zu erleichtern, selbst dann, wenn eine Demenzerkrankung einen Menschen seiner expliziten Erinnerungen beraubt. So kann er seine eigene Identität wieder erfahren, ohne dass er sie dabei bewusst erzählen könnte. Dieses Gedächtnis ist ein »Herzensöffner«.

Vorsicht: Bitte machen Sie sich bewusst, dass Biografiearbeit und Erinnerungspflege individuelle Grenzen haben können. Auch negative, schmerzliche Erinnerungen können hervorgeholt werden (etwa Kriegserlebnisse), wodurch die Betroffenen unfreiwillig und unvorbereitet mit stark belastenden Ereignissen konfrontiert sind. Die Herausarbeitung angenehmer biografischer Sachverhalte muss achtsam, vertrauensvoll und mit viel Geduld erfolgen.

Die persönliche Essgeschichte eines Menschen mit Demenz ist eine wichtige Informationsquelle für Sie, denn mit diesem Wissen können Sie Ihren betroffenen Angehörigen auch dann noch erreichen bzw. ihm einen Zugang zu seinem eigenen Leben ermöglichen, wenn ihm das Bewusstsein über seine Vergangenheit und seine Identität schwindet. Die typischen Fragen zur Essbiografie des Betroffenen können Sie, wenn Sie als Familie zusammenleben, wahrscheinlich sowieso beantworten. Machen Sie sich folgende Informationen bewusst: Was sind seine Lieblingsspeisen oder bevorzugten Getränke, vielleicht sogar aus der Kindheit? In welcher Region ist er aufgewachsen, wo hat der Betroffene gelebt? Welche individuellen Essgewohnheiten, Tischsitten und Rituale ist er von früher her gewohnt? Wurde am Tisch gebetet? Wie war die Tischordnung? Wurde geschwiegen oder gar Musik gehört?

Die folgenden Rezepte haben Geschichte, denn sie fand man schon zu »Omas Zeiten« auf dem Teller. Krautwickel, Rinderroulade, Hühnerfrikassee – wir alle kennen sie, die guten althergebrachten Gerichte. Aber passen sie auch zur Demenz-Wohlfühlküche?

Na klar! Ein paar Veränderungen bei Zutaten und Beilagen, und schon sind die Klassiker der deutschen Küche gewichts- und stoffwechselfreundlich. So wird die Rinderroulade anstelle von Kartoffelpüree von Selleriepüree begleitet, zudem gibt es trendige Geschmackskombinationen, die sich für besondere Gelegenheiten wie das Sonntagsmenü anbieten. Das in einigen unserer Rezepte verwendete Johannisbrotkernmehl wird aus den Samen des Johannisbrotbaums gewonnen, eignet sich bestens zum Binden von Suppen und Saucen und ist kohlenhydrat- und kalorienfrei. Durch die extreme Quellfähigkeit brauchen Sie nur sehr kleine Mengen davon. Insbesondere bei warmen Gerichten sollte Johannisbrotkernmehl rasch eingearbeitet werden, da sich sonst leicht Klümpchen bilden. Alternativ lässt es sich auch separat in ein wenig kalter Flüssigkeit anrühren, bevor es in die Suppe oder Sauce gegeben wird.

Mit Gerichten aus Omas Küche verbinden ganze Generationen an Schleckermäulern Erinnerungen, die nur darauf warten, hervorgelockt zu werden. Aber vielleicht sind die Gerichte regional nicht aus der Ecke, in der Sie leben? Oder Sie haben noch ganz andere Leibgerichte von früher parat? Lassen Sie sich von unseren Rezepten inspirieren und ergänzen Sie diese mit Ihrer ganz persönlichen Wohlfühl-Auswahl der wichtigsten Leibgerichte Ihrer Biografie. Wir wünschen Ihnen viel Spaß dabei!

Pilzrisotto

Für 2 Personen
Zubereitungszeit: 45 Minuten

Zutaten:

200 g Pfifferlinge
2 Schalotten
1 EL Olivenöl
150 g Risotto-Reis
Saft von 1 Zitrone
1 Lorbeerblatt
350 ml heiße Gemüsebrühe
1 EL Butter
Salz, Pfeffer
30 g geriebener Parmesan
frisch geriebene Muskatnuss
2 EL frisch gehackte Petersilie

Pro Person: 470 kcal, 11,7 g Eiweiß, 16,1 g Fett, 61 g Kohlenhydrate

1. Die Pfifferlinge putzen und mit einem Küchentuch trocken abreiben. Die Schalotten schälen und fein würfeln.

2. Öl in einem Topf erhitzen und die Schalotten darin andünsten. Den Reis dazugeben und glasig dünsten. Mit Zitronensaft ablöschen und Flüssigkeit einkochen lassen.

3. Das Lorbeerblatt zufügen. Die Brühe nach und nach unter Rühren zugießen, sodass der Reis leicht damit bedeckt ist. Wenn die Brühe aufgesogen ist, weitere Flüssigkeit zugießen. Das Risotto sollte cremig sein, aber noch einen leichten Biss haben. Das dauert 20–25 Minuten.

4. Währenddessen Butter in einer Pfanne schmelzen und die Pfifferlinge darin ca. 6 Minuten braten. Mit Salz und Pfeffer würzen.

5. Die Pilze 5 Minuten vor Ende der Garzeit des Risottos unter den Reis mischen. Die Hälfte des Parmesans einrühren. Risotto mit Salz, Pfeffer und Muskat abschmecken.

6. Lorbeerblatt entfernen, Risotto mit Petersilie garnieren und den restlichen Parmesan dazu reichen.

Omas Lieblingspaprika

Für 2 Personen
Zubereitungszeit: 30 Minuten

Zutaten:

2 große Paprikaschoten
1 Zwiebel
2 Knoblauchzehen
2 EL Olivenöl
200 g Rinderhackfleisch
Salz, Pfeffer
1 Bund Frühlingszwiebeln
50 g grüne entsteinte Oliven
1 Ei (Größe M)
50 g Tomatenmark
120 g Feta

1. Backofen auf 180 °C Umluft vorheizen.

2. Die Paprikaschoten waschen. Dann den Stielansatz jeweils als Deckel abschneiden und beiseite legen. Die Schoten anschließend entkernen und innen ein wenig auswaschen. Zwiebel und Knoblauch schälen und in feine Würfel schneiden.

3. Das Öl in einer beschichteten Pfanne erhitzen und Zwiebeln, Knoblauch und Hackfleisch darin 6–8 Minuten braten und mit Salz und Pfeffer würzen. Die Masse anschließend in eine Schüssel umfüllen.

4. Die Frühlingszwiebeln putzen, waschen und in Röllchen schneiden. Oliven abtropfen lassen und vierteln. Frühlingszwiebeln, Oliven, Ei und Tomatenmark zur Hackmasse geben. Alles gut vermengen und Füllung gleichmäßig in die Paprikaschoten verteilen und leicht andrücken.

5. Den Feta in dünne Scheiben schneiden, diese auf die gefüllten Paprikaschoten legen und anschließend die Paprikadeckel aufsetzen.

6. Die gefüllten Schoten in eine Auflaufform stellen und im Backofen (Mitte) 30–40 Minuten backen.

Pro Person: 590 kcal,
40,8 g Eiweiß, 40 g Fett,
16,6 g Kohlenhydrate

Krautwickel mit Sellerie-Möhren-Stampf

Für 2 Personen
Zubereitungszeit: 80 Minuten

Zutaten:

Für die Krautwickel:
Salz
1 TL gemahlener Kümmel
1 kleiner Kopf Weißkohl (ca. 750 g)
2 Zwiebeln
1 TL Butter
200 g Rinderhackfleisch
60 g gehackte Walnusskerne
2 Eier (Größe M)
je ½ TL getrockneter Majoran und Thymian
Pfeffer
edelsüßes Paprikapulver
2 EL Rapsöl

Für die Speckmischung:
1 Bund Frühlingszwiebeln
60 g Räucherspeck

Für den Sellerie-Möhren-Stampf:
200 g Möhren
200 g Knollensellerie
1 EL Butter
150 ml Gemüsebrühe
1 EL Crème fraîche
Salz, Pfeffer
frisch geriebene Muskatnuss

1 Einen großen Topf mit Salzwasser und Kümmel zum Kochen bringen. Den Kohlkopf putzen und den Strunk großzügig herausschneiden. Dann den ganzen Kohlkopf in dem Wasser 2 bis 3 Minuten blanchieren. Kohlkopf herausheben, die äußeren 8 Blätter ablösen und auf einem Sieb abtropfen lassen. Den restlichen Kohl anderweitig verwenden (z. B. für einen Salat oder geschmortes Gemüse). Etwa 500 ml vom Kochsud aufbewahren.

2 Zwiebeln schälen und fein würfeln. Butter in einer Pfanne erhitzen und Zwiebeln darin andünsten.

3 Das Hackfleisch in eine Schüssel geben. Zwiebelwürfel, die Hälfte der Walnüsse, Eier, Kräuter und Gewürze zugeben und gut vermischen.

4 Den Backofen auf 180 °C Umluft vorheizen.

5 4 große Kohlblätter auf der Arbeitsfläche auslegen und die Blattrippen flach schneiden. Die restlichen Blätter in Streifen schneiden. Die Hackmasse gleichmäßig auf den Blättern verteilen. Die Blätter von den Seiten über die Füllung schlagen, fest einrollen und mit Rouladennadeln oder Holzspießen fixieren.

6 Rapsöl in einer Pfanne erhitzen und Krautwickel darin 1–2 Minuten rundum kräftig anbraten. Anschließend in eine Auflaufform legen und mit dem Kochsud übergießen. Form mit Alufolie bedecken und Wickel im Backofen (Mitte) ca. 50 Minuten schmoren.

7 Währenddessen für die Speckmischung die Frühlingszwiebeln putzen, waschen und in feine Röllchen schneiden. Den Speck fein würfeln und in

Pro Person: 745 kcal, 42,5 g Eiweiß, 56,9 g Fett, 16,7 g Kohlenhydrate

einer heißen Pfanne auslassen. Frühlingszwiebeln, die in Streifen geschnittenen Kohlblätter und die restlichen Walnüsse mitbraten.

8 Für den Stampf Möhren und Sellerie schälen, putzen und in etwa 1 cm große Stücke schneiden. Butter und Gemüsebrühe in einen Topf geben, aufkochen, dann das Gemüse zugeben und bei geringer Hitze in 20–25 Minuten weich kochen. Den Topf vom Herd nehmen und die Crème fraîche einrühren. Das Gemüse mit einem Stabmixer pürieren. Mit Salz, Pfeffer und Muskat würzen.

9 Die Krautwickel aus dem Ofen holen, die Spieße entfernen, die Krautwickel schräg anschneiden und zusammen mit dem Gemüsestampf und der Speckmischung auf Tellern anrichten.

Rinderroulade mit Spitzkohl und Selleriepüree

***Zubereitungszeit:* 90 Minuten**

Zutaten:

Für die Rouladen:

2 dünne Rinderrouladen (aus der Hüfte, à ca. 120 g)
Salz, Pfeffer
2 TL mittelscharfer Senf
2 Scheiben Frühstücksspeck (à 10 g)
50 g Senfgurken
1 mittelgroße Zwiebel
1 EL Rapsöl
1 TL Tomatenmark
150 ml Traubensaft
250 ml Gemüsebrühe
1 Lorbeerblatt
1 TL Johannisbrotkernmehl
1 EL Honig

Für das Selleriepüree:

½ mittelgroßer Sellerie (ca. 300 g)
Salz
40 g Frischkäse (20 % Fett)
Pfeffer

Für den Spitzkohl:

¼ Spitzkohl (ca. 300 g)
20 g Butter
Salz
frisch geriebene Muskatnuss

1 Den Backofen auf 180 °C Umluft vorheizen.

2 Rouladen waschen, mit Küchenpapier trocken tupfen und mit Salz und Pfeffer würzen. Jeweils mit 1 TL Senf bestreichen sowie mit 1 Scheibe Frühstücksspeck und 1 Senfgurke belegen. Rouladen aufrollen und mit Holzspießen feststecken.

3 Die Zwiebel schälen und vierteln.

4 Das Öl in einem Schmortopf erhitzen und die Rouladen darin rundherum anbraten. Dann die Zwiebeln zufügen und mitbraten. Tomatenmark zugeben und anschwitzen. Das Ganze mit Traubensaft und Brühe ablöschen und das Lorbeerblatt zufügen. Die Rouladen im Backofen (Mitte) ca. 1 Stunde schmoren.

5 Zwischenzeitlich den Sellerie putzen, schälen, in grobe Stücke schneiden und in einem Topf mit kochendem Salzwasser ca. 15 Minuten garen. Anschließend den Sellerie in ein Sieb abgießen, in eine Schüssel füllen, mit einem Stampfer zerkleinern und mit dem Frischkäse vermischen. Mit Salz und Pfeffer abschmecken.

6 Den Spitzkohl putzen, waschen und vierteln. Strunk herausschneiden und die Kohlviertel in grobe Streifen schneiden. Die Butter in einem Topf erhitzen und den Kohl darin ca. 5 Minuten dünsten. Mit Salz und Muskat würzen.

7 Schmortopf aus dem Ofen holen und die Rouladen aus dem Topf heben. Das Johannisbrotkernmehl in den Fond einrühren und Sauce aufkochen lassen. Mit Honig, Salz und Pfeffer abschmecken. Die Rouladen mit der Sauce, Püree und Spitzkohl auf Tellern anrichten.

Pro Person: 555 kcal,
34,6 g Eiweiß, 29,7 g Fett,
31,1 g Kohlenhydrate

Hühnerfrikassee

Für 2 Personen
Zubereitungszeit: 40 Minuten

Zutaten:

1 EL Johannisbrotkernmehl
25 g weiche Butter
200 g weiße Champignons
200 g grüner Spargel
2 Stiele Estragon
200 g Hähnchenbrustfilet
1 EL Olivenöl
200 ml Hühnerbrühe
50 ml Weißwein
100 g Schlagsahne
1 Lorbeerblatt
Salz, Pfeffer
100 g TK-Erbsen
Saft von ½ Zitrone

1 Das Johannisbrotkernmehl und die Butter zu einem Kloß verkneten und kalt stellen.

2 Die Champignons trocken mit einem Küchentuch abreiben, putzen und je nach Größe ganz lassen oder halbieren. Den Spargel waschen, im unteren Drittel schälen und die Enden abschneiden. Stangen schräg in dünne Scheiben schneiden. Den Estragon waschen, trocken tupfen, die Blätter abzupfen und grob hacken.

3 Die Hähnchenbrustfilets waschen, mit Küchenpapier trocken tupfen und in ca. 2 cm große Würfel schneiden. Das Olivenöl in einer Pfanne erhitzen und die Hähnchenwürfel darin sanft anbraten, ohne dass dabei Röststoffe entstehen. Die Pilze zugeben und kurz mitbraten. Brühe, Weißwein und Schlagsahne zugießen und Lorbeerblatt zugeben. Frikassee mit Salz und Pfeffer würzen und 20 Minuten bei mittlerer Hitze köcheln lassen.

4 10 Minuten vor Ende der Garzeit die Johannisbrotkernmehlbutter mit dem Schneebesen einrühren.

5 3 Minuten vor Ende der Garzeit TK-Erbsen sowie Spargel zugeben.

6 Vor dem Servieren das Lorbeerblatt entfernen und das Frikassee mit Zitronensaft, Salz und Pfeffer abschmecken und mit Estragon verfeinern.

Pro Person: 420 kcal,
32,9 g Eiweiß, 25,7 g Fett,
10 g Kohlenhydrate

Blumenkohlauflauf mit Hackfleisch

Zutaten:

½ Blumenkohl
Salz
300 g Pastinaken
1 Möhre
15 g Kokosfett
200 g gemischtes Hackfleisch
2 Zwiebeln
1 EL Rapsöl
150 ml Milch (3,5 % Fett)
Pfeffer
frisch geriebene Muskatnuss
120 g geriebener Käse
(z. B. Gouda)

1. Backofen auf 200 °C Umluft vorheizen.

2. Den Blumenkohl putzen, waschen und in Röschen zerteilen. In einem Topf mit kochendem Salzwasser 8–10 Minuten garen.

3. Pastinaken und Möhre putzen, schälen und in grobe Stücke schneiden. Ebenfalls in einem Topf mit kochendem Salzwasser in 8–10 Minuten weich kochen.

4. Kokosfett in einer Pfanne erhitzen und Hackfleisch darin krümelig braten. Herausnehmen und auf einem Teller beiseite stellen.

5. Die Zwiebeln schälen und in feine Ringe schneiden. Das Rapsöl in der Pfanne erhitzen und Zwiebelringe darin goldgelb braten.

6. Blumenkohl in ein Sieb abgießen und in eine Schüssel geben. Pastinakenmischung ebenfalls abgießen, in eine Schüssel füllen und mit dem Gemüsestampfer zerdrücken. Dann die Milch einrühren und Püree mit Salz und Muskatnuss abschmecken.

7. Für den Auflauf zuerst das Pastinaken-Möhren-Püree, dann das Hackfleisch mit Bratfett, die Zwiebeln und zuletzt den Blumenkohl in eine Auflaufform schichten.

8. Den Auflauf mit dem geriebenen Käse bestreuen und im Backofen (Mitte) ca. 20 Minuten überbacken.

Pro Person: 635 kcal,
37,7 g Eiweiß, 46,3 g Fett,
16,9 g Kohlenhydrate

Hamburger Labskaus

Für 2 Personen
Zubereitungszeit: 30 Minuten

Zutaten:

100 g mehligkochende Kartoffeln
50 g Petersilienwurzel
100 g Pastinaken
100 g Sellerie
Salz
200 g vorgegarte Rote Bete (vakuumverpackt)
4 Gewürzgurken (mit Stevia gesüßt)
50 ml Gurkenwasser (mit Stevia gesüßt)
340 g Corned Beef aus der Dose
Pfeffer
2 EL Rapsöl
2 Eier (Größe L)
4 Rollmöpse (ca. 300 g)

1. Kartoffeln, Petersilienwurzel, Pastinaken und Sellerie putzen, schälen, vierteln und in einem Topf mit kochendem Salzwasser 15–18 Minuten garen.
2. Inzwischen die Hälfte der Roten Beten in grobe Stücke schneiden, mit den Gewürzgurken, dem Gurkenwasser und dem Corned Beef in eine Schüssel geben und mit einem Stabmixer fein pürieren. Die restlichen Roten Beten in dünne Spalten schneiden.
3. Das gegarte Gemüse in ein Sieb abgießen, das Kochwasser entfernen. Gemüse wieder in den Topf geben und mit einer Gabel oder einem Kartoffelstampfer fein zerdrücken. Die Corned-Beef-Mischung unterheben und alles bei milder Hitze erwärmen. Mit Salz und Pfeffer würzen.
4. Öl in einer Pfanne erhitzen, die Eier in die Pfanne aufschlagen und zu Spiegeleiern braten.
5. Labskaus auf Tellern anrichten und mit Rollmöpsen, Rote-Bete-Spalten und Spiegeleiern garniert servieren.

Pro Person: 370 kcal, 35,9 g Eiweiß, 17,8 g Fett, 16,5 g Kohlenhydrate

Vegetarisches Gemüsegulasch

Für 2 Personen
Zubereitungszeit: 30 Minuten

Zutaten:

1 mittelgroße Zwiebel
2 Knoblauchzehen
1 gelbe Paprikaschote
1 Zucchini
1 EL Rapsöl
2 TL edelsüßes Paprikapulver
2 EL Tomatenmark
2 TL Kümmelsaat
200 ml Gemüsebrühe
Salz, Pfeffer
150 g Tofu (natur)
100 g Tofu (geräuchert)
½ Bund frische Petersilie

1. Zwiebel und Knoblauchzehen schälen und fein würfeln. Paprikaschote sowie Zucchini putzen, waschen und in ca. 1 cm große Würfel schneiden.

2. Das Öl in einem Topf erhitzen und das vorbereitete Gemüse darin andünsten. Anschließend Paprikapulver, Tomatenmark und Kümmelsaat zugeben und 2–3 Minuten mitgaren. Dann das Ganze mit Gemüsebrühe ablöschen und mit Salz und Pfeffer würzen. Zugedeckt bei mittlerer Hitze 10 Minuten schmoren.

3. Tofu in ca. 2 cm große Würfel schneiden. Zum Gulasch geben und alles ohne Deckel weitere 10 Minuten köcheln lassen.

4. Petersilie waschen, trocken schütteln und fein hacken. Das Gulasch in tiefen Tellern anrichten und mit Petersilie bestreut servieren.

Pro Person: 300 kcal, 19 g Eiweiß, 19,2 g Fett, 12,3 g Kohlenhydrate

Vegetarisch gefüllte Zucchini

Für 2 Personen
Zubereitungszeit: 30 Minuten

Zutaten:

2 Zucchini
je 1 rote, 1 grüne und 1 gelbe Paprikaschote
1 Zwiebel
1 Knoblauchzehe
3 EL Olivenöl
2 EL Speisequark (40 % Fett)
jeweils 1 TL getrockneter Rosmarin, Basilikum, Thymian, Petersilie
Salz, Pfeffer
100 g Emmentaler
50 ml Milch (3,5 % Fett)

1. Backofen auf 180 °C Umluft vorheizen.

2. Zucchini putzen, waschen, längs halbieren und aushöhlen. In einem Topf mit kochendem Wasser 1–2 Minuten blanchieren. Herausnehmen und abtropfen lassen.

3. Die Paprikaschoten putzen, waschen und fein würfeln. Zwiebel und Knoblauch schälen und ebenfalls fein würfeln. 2 EL Olivenöl in einer Pfanne erhitzen und Gemüse darin 2–3 Minuten andünsten. Anschließend in eine Schüssel umfüllen, mit dem Quark vermengen und mit den getrockneten Kräutern, Salz und Pfeffer würzen.

4. Eine feuerfeste Form mit dem restlichen Öl ausstreichen, die Zucchinihälften hineinlegen und mit der Gemüsemasse füllen.

5. Den Käse reiben. Die Milch in einem Topf erhitzen und ⅔ des Käses darin auflösen. Die Käsesauce über die Zucchinihälften gießen und das Ganze mit dem restlichen Käse bestreuen. Die Zucchini im Backofen (Mitte) 8–10 Minuten überbacken.

Pro Person: 472 kcal,
23,5 g Eiweiß, 34,7 g Fett,
13,2 g Kohlenhydrate

Kartoffel-Rübchen-Puffer

Für 2 Personen
Zubereitungszeit: 45 Minuten

Zutaten:

2 Möhren
100 g Kartoffeln
200 g weiße Rüben
(z. B. Teltower Rübchen)
1 Zwiebel
50 g Hartkäse (z. B. Pecorino oder Parmesan)
2 Eier (Größe M)
30 g Eiweißpulver (neutral)
20 g Sonnenblumenkerne
Salz, Pfeffer
frisch geriebene Muskatnuss
4 EL Rapsöl
150 g Speisequark (20 % Fett)
100 g saure Sahne
2 g getrockneter Basilikum
2 g getrockneter Estragon
2 Msp. Zitronengraspulver
50 g Rote-Bete-Sprossen
100 g Feldsalat

1. Möhren, Kartoffeln und Rüben putzen, schälen und waschen. Zwiebel schälen. Den Hartkäse fein reiben.

2. Gemüse und Zwiebel grob in eine Schüssel raspeln. Eier, Eiweißpulver, Käse und Sonnenblumenkerne unterrühren und alles mit Salz, Pfeffer und Muskat würzen.

3. Das Öl portionsweise in einer Pfanne erhitzen. Aus der Gemüsemasse 12 Puffer formen und diese nach und nach in der Pfanne von beiden Seiten goldbraun ausbacken. Anschließend bis zum Servieren warm stellen.

4. Den Quark in einer Schüssel mit der sauren Sahne, Basilikum, Estragon und Zitronengraspulver verrühren und mit Salz und Pfeffer würzen.

5. Rote-Bete-Sprossen in ein Sieb geben und kurz abspülen. Den Feldsalat verlesen, putzen und waschen.

6. Die Puffer mit dem Quark und den Rote-Bete-Sprossen auf Tellern anrichten und mit Feldsalat garnieren.

Pro Person: 505 kcal,
31,4 g Eiweiß, 32,4 g Fett,
21,4 g Kohlenhydrate

Mediterrane Gerichte für die optimale Versorgung der Hirnnervenzellen

Bis dato gibt es keine wirksame medikamentöse Therapie bei primären Demenzerkrankungen, nichts, was den Abbauprozess im Gehirn zu stoppen oder sogar umzukehren vermag. Alle therapeutischen Interventionen, die wir aktuell zur Verfügung haben, zielen speziell darauf ab, die noch erhaltenen Fähigkeiten und Kompetenzen so gut wie möglich zu stabilisieren. Ähnlich wie ein Sportler, der, um fit zu bleiben, an seiner Muskulatur arbeitet, trainieren Logopäden mit ihren Patienten die Sprache oder Ergotherapeuten Alltagskompetenzen. Diese und weitere nicht medikamentöse Therapieformen (kognitive Stimulation, Musiktherapie, Kunsttherapie, körperliche Aktivierung, Aromatherapie etc.) bilden wertvolle Bausteine für ein möglichst langes gutes Leben mit Demenz. Etwas AKTIV der Erkrankung entgegensetzen zu können, hilft den Betroffenen auch, wieder mehr das Gefühl von Autonomie und Kontrolle über das eigene Leben zu haben, während durch die Diagnose sonst so vieles durch die Finger zu rinnen droht.

Klar ist aber auch, dass bereits verloren Gegangenes normalerweise nicht wiederhergestellt werden kann. Das bedeutet, dass wir dem Erkrankungsprozess so früh wie möglich entgegensteuern müssen. Am besten, wir beginnen schon vor einer denkbaren Demenzdiagnose damit und handeln präventiv: durch eine gesunde Lebensweise, so früh wie möglich!

Die Entstehungsfaktoren von Demenzerkrankungen sind komplex, heterogen und können aufeinander einwirkend koexistieren. Dennoch gibt es grundsätzlich Dinge, die wir beachten können und vielleicht sogar müssen, um demenziellen Hirnerkrankungen bestmöglich vorzubeugen. Selbst auf einen Faktor, den wir eigentlich so gar nicht ändern können – unsere genetische Disposition –, vermögen wir durch einen gesunden Lebensstil zumindest verzögernd einzuwirken.

In aller Kürze: Unterlassen Sie das Rauchen, achten Sie darauf, dass Ihr Blutdruck nicht zu hoch ist, lassen Sie – falls Sie davon betroffen sind – Diabetes mellitus, erhöhte Blutfettwerte oder Depressionen behandeln, und bewegen Sie sich regelmäßig. Sport ist eine wahre Wunderwaffe gegen die negativen Folgen des Alterns, und die Wissenschaft hat inzwischen sogar eine Reihe von Belegen dafür: Interventionsstudien konnten zeigen, dass regelmäßige körperliche Ertüchtigung im aeroben Bereich nachweislich die Gedächtnisleistung verbessert, selbst wenn die untersuchten Personen schon an leichten kognitiven Beeinträchtigungen litten.[21]

Das Geheimnis gesunden Alterns ist sicher nicht an einem einzelnen Faktor auszumachen. Die Wissenschaft geht eher davon aus, dass es multimodale Interventionen sind, welche am besten wirken.[22] Auf gut Deutsch: Es reicht nicht, Sport zu treiben, wenn man noch eine Schachtel Zigaretten am Tag raucht; es reicht auch nicht, sich kognitiv zu fordern, wenn man sich nie bewegt.

Das Geheimnis eines starken, robusten und gesunden Gehirns beginnt aber noch an einem ganz anderen Punkt: bei unserer täglichen Ernährung. Dabei gelten für Gesunde grundsätzlich die gleichen Gesetze wie für an Demenz erkrankte Personen. Es gibt bisher wissenschaftlich keine Hinweise darauf, dass der Energie- und Nährstoffbedarf bei Demenz grundlegend verändert wäre.[23] Natürlich muss man darauf eingehen, wenn besondere Bedürfnisse bestehen – eine große innere Unruhe mit hohem Energieverbrauch durch sehr viel Bewegung oder massiver Gewichtsverlust –, aber das sind speziellen Defiziten oder Symptomen geschuldete Situationen, die an anderer Stelle behandelt werden. Grundsätzlich sollte die Lebensmittelauswahl möglichst täglich frisches Obst und Gemüse, Hülsenfrüchte, Milch bzw. Milchprodukte und Vollkorn-Getreideprodukte beinhalten. Dann ist unser Körper in der Lage, aus unseren Nahrungsmitteln all das zu ziehen, was er zum Leben braucht.

Lassen Sie uns kurz beleuchten, von welchen Nährstoffen wir überhaupt sprechen. Den Brennstoff für unser Nervensystem bildet die Glukose, also der Zucker, den wir aus den Kohlenhydraten unserer Nahrung aufnehmen. Kohlenhydrate finden sich in einer Vielzahl von Lebensmitteln, beispielsweise in Kartoffeln, Nudeln, Brot, Reis, Kuchen oder anderem Süßkram. Unser Blutzuckerspiegel muss permanent reguliert werden, und dafür benötigen wir das Hormon Insulin: Dieses sorgt dafür, dass der aus Mahlzeiten gewonnene Zucker aus dem Blut in die Zellen gelangen kann und der Blutzuckerspiegel dann wieder in den Normalbereich pendelt. In den Zellen ist die Glukose unentbehrlich, damit beispielsweise unsere Muskulatur funktioniert oder wir uns konzentrieren können. Wichtig für unsere Gesundheit ist, dass wir den richtigen Zucker aufnehmen. Süße Kohlenhydrate (z. B. Haushaltszucker, Milchzucker) schießen sofort ins Blut und in die Körperzellen und verschwinden genauso schnell wieder, wie sie da waren. Nicht süße Kohlenhydrate hingegen aus Brot, Pasta oder Kartoffeln enthalten Kohlenhydrate aus Stärke, welche bei der Verdauung in einzelne Glukosemoleküle zerlegt werden. Diese Aufspaltung ist relativ langwierig, was unserem Körper konstant über einen längeren Zeitraum Energie bereitstellt.[24] Wirklich wertvoll aber sind weitgehend unverarbeitete Kohlenhydratlieferanten wie stärkearme Gemüsearten (etwa Gurken, Tomaten, Paprika, Zucchini, Brokkoli) sowie Salate, Pilze oder Kräuter sowie zuckerarme Obstsorten wie Beeren. Zusätzlich sind solche Nahrungsmittel voll von Vitaminen, Mineralstoffen und sekundären Pflanzenstoffen, welche unsere Zellen stärken. Denn klar ist: Neben der Brennstoffversorgung sind unsere Körperzellen auf eine Vielzahl weiterer Stoffe angewiesen, um gesund zu bleiben.

Eiweiße, oder auch Proteine, haben vielfältige Funktionen in unserem Körper: So bewirken sie beispielsweise als Enzyme die Katalyse von Stoffwechselreaktionen (Fettspaltung, Zuckerabbau, Nucleinsäureaufbau), transportieren im Blut wasserunlösliche Nährstoffe oder fungieren als Strukturproteine für Haut, Haare, Nägel, Sehnen und Knorpelgewebe. Sie sind aus sogenannten Aminosäuren aufgebaut, welche im Verdauungsvorgang aus den Nahrungsmitteln gezogen werden und über die Blutbahn ins Gehirn gelangen. Dort werden sie dann verwendet, um körpereigene Proteine zu bauen. 21 unterschiedliche Aminosäuren werden durch unterschiedliche Verbindungen zu unzähligen Variationen von Proteinen verkettet. Neun dieser Aminosäuren gelten als lebenswichtig und müssen mit der Nahrung gezielt aufgenommen werden, da unser Organismus sie nicht selbst herstellen kann. Eine ausgewogene Mischkost enthält alle Aminosäuren in ausreichender Menge. Proteinquellen in unserer Nahrung sind Eier, Fisch, Fleisch, Hülsenfrüchte wie Soja, Milchprodukte oder Nüsse.

Eine gute Eiweißversorgung macht verlässlich satt und verhindert so, dass zu viele Kalorien aufgenommen werden; ferner arbeitet sie dem Abbau von Muskelmasse entgegen, was nicht unerheblich ist für ältere Menschen, die sich tendenziell weniger bewegen (können). Weniger Kohlenhydrate, dafür mehr Eiweiß wirkt sich auch positiv auf Blutfettwerte und den Blutdruck aus.[25]

Auch Fette spielen in unserer Ernährung eine wichtige Rolle, obwohl sie als Nahrungsmittel lange Zeit verteufelt waren. Sie sind ebenso wie Kohlenhydrate und Proteine Energielieferanten oder versorgen uns mit lebensnotwendigen Fettsäuren. Fette werden in unserem Gehirn beispielsweise als Baustoff für sein Wachstum verwendet und machen unsere Nervenbahnen leitfähig, indem sie diese mit isolierenden Myelinscheiden umgeben. Nahrungsfette sind außerdem nicht nur Träger fettlöslicher Vitamine, sondern auch Träger von Geschmacks- und Aromastoffen und daher verständlicherweise sehr beliebt.

Wichtig für unsere Ernährung ist, die richtigen Nahrungsfette in der richtigen Balance zu verwenden, das heißt die Fettqualität, gemessen an ihrer Fettsäurezusammensetzung, zu beachten.[26]

Fettsäuren unterscheiden sich unter anderem anhand ihres Sättigungsgrads (gesättigt oder ungesättigt), wobei gesättigte Fette eher einen kleinen Teil der täglichen Gesamtenergiezufuhr ausmachen sollten, da sie sich ungünstig auf die Blutfettwerte auswirken. Besonders viel enthalten sind gesättigte Fette zum Beispiel in Butter, Schweineschmalz, Fleisch und Wurstwaren sowie Kokos- und Palmkernfett. Ungesättigte Fettsäuren werden in einfach und mehrfach ungesättigte Fettsäuren unterteilt. Bestimmte Vertreter der ungesättigten Fettsäuren sind essenziell und müssen über die Nahrung zugeführt werden. Sie sind überwiegend in pflanzlichen Nahrungsmitteln sowie fettem Fisch enthalten und vor allem mehrfach ungesättigte Fettsäuren (Omega-3- und Omega-6-Fettsäuren) können sich positiv auf die Gesundheit auswirken.[27]

Obwohl es hohe Mengen an gesättigten Fettsäuren enthält, gilt das Kokosfett als wahre Wunderwaffe unter den Nahrungsmitteln. Egal, ob zur äußeren oder inneren Anwendung – dieses Fett hilft anscheinend gegen alles. Man kann es in die Kopfhaut einreiben, um Schuppen zu bekämpfen, in die Haarspitzen geben gegen Spliss, das Gesicht damit eincremen gegen Falten, und es natürlich zum Kochen, Backen und Braten verwenden, um das Gehirn zu stärken und (vermeintlich) sogar demenzielle Prozesse zu verlangsamen, zu stoppen, ja zu verhindern. Die Idee dabei ist, dass unter der Voraussetzung, dass bei der Alzheimer-Erkrankung der Glukosestoffwechsel im Gehirn gestört ist, wir auf eine alternative Energiequelle ausweichen können: Fett. Dies wird bei der sogenannten ketogenen Ernährung optimal umgesetzt: Hier wird fast vollständig auf kohlenhydrathaltige Lebensmittel verzichtet (nur etwa 4 Prozent oder 20 Gramm Kohlenhydrate pro Tag sind erlaubt), also auf Pasta, Brot, Reis, Kartoffeln und Zucker. Dafür ist die Ernährung sehr fettreich: Fetter Fisch, Fleisch, Wurst, Eier und kohlenhydratarmes Gemüse sind die Lebensmittel der Wahl. Die Folge: Der Körper lernt nach einer Umstellungsphase, andere Energieträger als Glukose zu nutzen – die sogenannten Ketonkörper. Wie lange diese Umstellungsphase dauert, ist dabei individuell unterschiedlich. Manche Menschen bilden bereits nach wenigen Stunden Kohlenhydratverzicht Ketonkörper, andere müssen erst einmal tagelangen Entzug praktizieren. Die Ketonproduktion geschieht in der Leber beim Abbau von Fettsäuren und kann im Verlauf zwei Drittel des Energiebedarfs des Gehirns decken. Dieser ketogene Stoffwechsel hat aber durchaus Nachteile: Beispielsweise fühlen sich gerade zu Beginn dieser Ernährungsform viele Menschen unwohl, müde und abgeschlagen. Der eingeschränkte Speiseplan kann bei falscher Nahrungsmittelkombination zu einem Vitamin- und Mineralstoffmangel führen. Die Energiezufuhr über Fette liegt in der ketogenen Ernährung bei bis zu 70 Prozent – dies widerspricht den Empfehlungen der Deutschen Gesellschaft für Ernährung und kann aufgrund der vielen tierischen Produkte das Risiko für Herz-Kreislauf-Erkrankungen erhöhen.[28]

Kokosfett gilt als besonders geeignet für die ketogene Ernährung, da es einen hohen Gehalt mittelkettiger Fettsäuren aufweist, welche schnell aus dem Darm aufgenommen, zur Leber transportiert und dort zu Ketonkörpern abgebaut werden. Daher ist sein Ruf als »Superfood« in diesem Zusammenhang durchaus erklärbar. Jedoch: Langzeitstudien können bisher die vermeintlich positiven Effekte nicht wirklich belegen. Die Weltgesundheitsorganisation rät sogar ab, große Mengen an Kokosfett zu verwenden, da es wie bereits beschrieben in hohem Maße gesättigte Fettsäuren enthält, welche den Cholesterinspiegel negativ beeinflussen und das Risiko für Schlaganfälle oder Herzkrankheiten sogar erhöhen könnten.[29]

Nutzen Sie gerne auch andere Speisefette/-öle: Das heimische Rapsöl beispielsweise hat ein günstiges Verhältnis von Omega-6- zu Omega-3-Fettsäuren und muss außerdem nicht klimaschädlich aus den Tropen eingeflogen werden, sondern wird in großen Mengen in der EU hergestellt. Leinöl, welches sich beispielsweise gut für kalte Speisen wie Salat oder zu Kartoffeln mit Quark eignet, ist ein regelrechter »Gesundheitsbooster«. Es besteht zu über 90 Prozent aus ungesättigten Fettsäuren, wovon etwa 60 Prozent wertvolle Omega-3-Fettsäuren sind.[30] Grundsätzlich gilt: Kalt gepresste Öle sind immer besser als raffinierte Pflanzenöle, da wertvolle Bestandteile wie Vitamine und sekundäre Pflanzenstoffe nicht durch den Verarbeitungsprozess verloren gehen. Hochwertige Olivenöle erkennen Sie an der Deklaration »nativ« oder »nativ extra«. Olivenöl hat übrigens auch die beste Datenlage in Bezug auf Demenzerkrankungen; seine positive Wirkung auf das Gehirn wurde in vielen Studien nachgewiesen.[31]

So oft wie möglich vermeiden sollten Sie – auch wenn es schwerfällt – Lebensmittel, die mit Kunstfetten hergestellt sind. Bedeutet: Lassen Sie wann immer möglich Fastfood oder Fertigprodukte weg; sie haben keinen

Mehrwert. Viele der dazu zählenden, industriell stark verarbeiteten Lebensmittel (z. B. Kartoffelchips, Fertigpizzen, Pommes frites) enthalten Transfettsäuren, welche zwar zu den ungesättigten Fettsäuren gehören, aber im Verdacht stehen, Blutfettwerte ungünstig zu beeinflussen. Transfette werden dazu verwendet, die Konsistenz und Haltbarkeit von Nahrungsmitteln zu verbessern – wohl auf Kosten unserer Gesundheit. Diese Kunstfette erhöhen das Risiko für eine Insulinresistenz[32], was bedeutet, dass Nervenzellen die benötigte Glukose schlechter aufnehmen können. Auf Dauer wird dadurch auch die kognitive Leistungsfähigkeit beeinträchtigt, und das Risiko steigt, an einer Demenz zu erkranken.[33] Außerdem schaden die Transfette unserem Herz-Kreislauf-System und befeuern Entzündungen.

Neben Makronährstoffen sind es unzählige Mikronährstoffe, die unser Körper und eben auch unser Gehirn zum Überleben brauchen und die sie nicht selbst herstellen können. Daher müssen wir diese – konkret Vitamine und Mineralstoffe – über die Nahrung aufnehmen. Sie sind an zahlreichen Stoffwechselvorgängen beteiligt und in pflanzlichen und im Falle von Mineralstoffen auch in tierischen Lebensmitteln enthalten. Im Bereich der Demenzprävention und -forschung spielt das Vitamin B12 eine besondere Rolle, denn einem Mangel werden in der Folge demenzielle Symptome zugeschrieben, die gerade in allgemeinärztlichen Praxen mit einer Substitution des Vitamins behandelt werden.

Vitamin B12 ist elementar für die DNA-Synthese, unseren Stoffwechsel oder die Myelin-Synthese im zentralen Nervensystem, was niedrige Spiegel mit verschiedenen neurologischen Symptomen in Verbindung bringt. Die Studienlage zum Risiko für Demenzerkrankungen bei hohem oder niedrigem Vitamin-B12-Level ist dabei nicht eindeutig. Eine aktuelle Studie im *Journal of Alzheimer´s Disease* aus dem Jahr 2021 fand keinen Zusammenhang zwischen niedrigen Vitamin-B12-Levels und Demenz.[34]

Klar ist, dass so gut wie alle Vitamine und Mineralstoffe wichtig für ein intaktes Nervensystem sind und eine ausgewogene, gesunde Ernährung den Grundstock für ein bestmöglich versorgtes Gehirn legt. Spannend ist auch der positive Einfluss von Ballaststoffen, die wir durch pflanzliche Nahrung zu uns nehmen. Die Pflanzenfasern aktivieren beispielsweise die Darmtätigkeit, senken die Cholesterinwerte und schützen vor Typ-2-Diabetes.

Die Frage, die sich viele Menschen zu Recht stellen, ist, ob es eine bestimmte Ernährungsform gibt, welche unseren Körper und vor allem unser Gehirn optimal mit all dem versorgt, was es braucht, um möglichst lange effektiv arbeiten zu können. Und die gibt es tatsächlich: die sogenannte mediterrane Ernährung. Sie lehnt sich an die Esskultur der olivenbaumreichen Mittelmeerregionen vor den 1960er-Jahren an und enthält vor allem viel frisches Gemüse, Salat, Fisch und Olivenöl. Mediterran muss also nicht Pizza, Pasta und Risotto bedeuten – und ist trotzdem extrem lecker!

Wissenschaftlich ist die gesundheitsfördernde Wirkung dieser Diät inzwischen gut belegt, beispielsweise zur Vorbeugung von Tumoren oder kardiovaskulären Erkrankungen.

Aber auch die kognitive Leistungsfähigkeit kann positiv beeinflusst werden – denn die mediterrane Ernährung bietet unseren Nervenzellen auf optimale Weise alles, was sie brauchen. In einer randomisierten Studie mit einem Beobachtungs- und Interventionszeitraum von fünf Jahren untersuchten spanische Wissenschaftler unter kontrollierten Bedingungen den Nutzen ständiger mediterraner Ernährung – ergänzt mit einem Extra an nativem Olivenöl oder Nüssen – auf die kognitive Leistungsfähigkeit von 334 gesunden Studienteilnehmern mit meinem Durchschnittsalter von 65 Jahren.[35] Die Ergebnisse offenbarten verbesserte kognitive Leistungen unter mediterraner Diät im Gegensatz zur Kontrollgruppe. Dabei waren die Ergebnisse sogar unabhängig von Geschlecht, Alter, Bildung oder vaskulären Risikofaktoren. Diese äußerst einflussreiche Studie musste später allerdings aufgrund methodischer Mängel zurückgezogen werden. Eine erneute Auswertung der Daten, welche die vorliegenden Ergebnisse bestätigen konnte, wurde 2018 publiziert.[36] Eine andere Studie, welche ihre Teilnehmer bis zu 20 Jahre lang beobachtete, fand in der Gruppe mit mediterraner Ernährung ein um bis zu 20 Prozent reduziertes Risiko, an einer Demenz zu erkranken.[37]

Achten Sie beim Einkauf unbedingt auf gute Qualität und Frische. Das spricht besonders für regionale Produkte, die keine langen Transportwege hinter sich haben, bevor sie bei Ihnen zu Hause ankommen. Das heimische Angebot ist abwechslungsreicher, als Sie vielleicht denken. Zusätzlich unterstützen Sie regionale Erzeuger und tun auch noch was für die gute Ökobilanz. In der Regel sind saisonal verfügbare, regionale Produkte zudem preiswerter als Produkte, die um den halben Globus gekarrt werden.

Zur Auswahl für unsere Wohlfühlküche stehen bevorzugt sämtliche stärkearmen Gemüsearten – von Aubergine bis Zucchini – und natürlich ebenso die verschiedenen Salate, Pilze und Kräuter, die die Natur zu bieten hat. Hier dürfen und sollen Sie es richtig bunt treiben. Je mehr Abwechslung und Vielfalt, umso größer ist die Chance auf eine optimale Versorgung mit Vitalstoffen. Denn jede Sorte hat etwas anderes zu bieten. Neben klassischen Zubereitungsarten gibt es vielfältige Variationsmöglichkeiten, die Gemüse zur attraktiven Beilage machen und Kartoffeln, Nudeln und Reis schnell vergessen lassen. Tiefkühlgemüse ist übrigens eine gute Alternative zu frischem Gemüse. Hier können Sie sich einen kleinen Vorrat zulegen, für den Fall, dass Sie mal nicht zum Einkaufen kommen. Von Fix-und-fertig-Gemüse aus der Gefriertruhe ist allerdings abzuraten. Darin ist meist eine Menge unerwünschter Zusatzstoffe enthalten.

Mediterrane Zucchini-Schiffchen

Für 2 Personen
Zubereitungszeit: 30 Minuten

Zutaten:

2 Zucchini
Fett für die Form
Salz
bunter Pfeffer aus der Mühle
50 g schwarze entsteinte Oliven
150 g Mais aus der Dose
200 g bunte Paprikaschoten
1 rote Zwiebel
1 Knoblauchzehe
70 g geriebener Cheddar
½ Bund Petersilie

1. Den Backofen auf 180 °C Umluft vorheizen.
2. Die Zucchini putzen, waschen, längs halbieren und aushöhlen. Die ausgehöhlten Zucchini in eine leicht gefettete Auflaufform legen. Mit Salz und Pfeffer würzen.
3. Die Oliven abtropfen lassen und in Ringe schneiden. Den Mais ebenfalls abtropfen lassen.
4. Die Paprika putzen, waschen und in feine Würfel schneiden. Die Zwiebel und den Knoblauch schälen und klein schneiden. Oliven, Mais, Paprika, Zwiebeln und Knoblauch in einer Schüssel vermengen und mit Salz und Pfeffer würzen. Anschließend Gemüsemasse in die Zucchini-Schiffchen verteilen.
5. Zucchini mit dem Käse bestreuen und 20–25 Minuten im Ofen (Mitte) backen.
6. In der Zwischenzeit die Petersilie waschen, trocken schütteln und grob hacken.
7. Zum Servieren die Zucchini-Schiffchen mit den Kräutern bestreuen und mit etwas Pfeffer aus der Mühle verfeinern.

Tipp
Anstelle der Zucchini kann man auch prima Auberginen verwenden.

Pro Person: 321 kcal,
16,8 g Eiweiß, 17,3 g Fett,
19,1 g Kohlenhydrate

Brotzeit mit Schwarzwurzelröllchen

Für 2 Personen
Zubereitungszeit: 20 Minuten

Zutaten:

Für den Thunfisch-Frischkäse-Dip:
1 kleine Zwiebel
1 gelbe Paprikaschote
100 g Thunfisch in eigenem Saft aus der Dose
50 g Frischkäse (20 % Fett)
1 TL Zitronensaft
1 TL Sesamöl
Salz, Pfeffer

Für die Schafskäsecreme:
½ Salatgurke
20 g Pinienkerne
¼ Bund frische Petersilie
50 g Schafskäse
50 g Speisequark (20 % Fett)
Salz, Pfeffer
edelsüßes Paprikapulver

Für die Schwarzwurzelröllchen:
300 g Schwarzwurzeln aus dem Glas (Abtropfgewicht)
100 g Roastbeef (6 Scheiben)
100 g Kochschinken (6 Scheiben)

Zum Servieren:
1 rote Paprikaschote
1 Stange Staudensellerie
1 Möhre
2 Scheiben Eiweißbrot (insgesamt 50 g, ca. 8–9 % KH-Anteil)

1. Für den Thunfisch-Dip Zwiebel schälen und in grobe Würfel schneiden. Paprika putzen, waschen und in grobe Stücke zerteilen. Den Thunfisch abtropfen lassen.

2. Zwiebel, Paprika, Thunfisch und Frischkäse in eine Schüssel geben und mit dem Stabmixer pürieren. Mit Zitronensaft, Sesamöl, Salz und Pfeffer abschmecken.

3. Für die Schafskäsecreme die Gurke schälen, längs halbieren, entkernen und in grobe Würfel schneiden. Pinienkerne kurz in einer Pfanne ohne Öl rösten. Petersilie waschen, trocken schütteln und hacken.

4. Gurke, Pinienkerne, Schafskäse, Quark und Petersilie in eine Schüssel geben und ebenfalls mit dem Stabmixer pürieren. Mit Salz, Pfeffer und Paprika abschmecken.

5. Für die Schwarzwurzelröllchen die Schwarzwurzeln in ein Sieb abgießen und die Stangen jeweils halbieren. Roastbeef und Kochschinken nach Geschmack mit etwas von einem der Dips bestreichen und die Schwarzwurzelstücke darin einwickeln.

6. Paprika und Staudensellerie putzen und waschen. Paprika in Schiffchen und Staudensellerie in 4 gleich große Stücke schneiden. Die Möhre putzen, schälen und vierteln.

7. Die Schwarzwurzelröllchen mit Roastbeef und Kochschinken sowie Paprikaschiffchen, Staudensellerie- und Möhrenstücke auf Tellern verteilen. Die beiden Dips mit auf den Tellern anrichten.

8. Eiweißbrot vor dem Servieren toasten.

Pro Person: 580 kcal,
58 g Eiweiß, 23,1 g Fett,
17,6 g Kohlenhydrate

Eier-»Enchiladas«

Für 2 Personen
Zubereitungszeit: 35 Minuten

Zutaten:

4 Eier (Größe M)
1 Spritzer Tabasco
2 EL Wasser mit Kohlensäure
Salz
1 TL Butter
150 g Kidneybohnen aus der Dose
1 grüne Paprikaschote
1 Chilischote
½ Zwiebel
1 Knoblauchzehe
1 EL Rapsöl
150 g Rinderhackfleisch
3 EL Tomatenmark
je 1 Prise Chili- und edelsüßes Paprikapulver
50 g geriebener Cheddar
1 TL frisch gehackter Koriander
Fett für die Form
2 EL Schmand

1. Den Backofen auf 180 °C Umluft vorheizen.

2. Eier, Tabasco und Mineralwasser in einer Schüssel mit dem Schneebesen verquirlen und salzen. Die Butter in einer beschichteten Pfanne zerlassen. Den Pfannenboden dünn mit der 1. Hälfte der Eiermasse ausgießen und das Omelett bei milder Hitze stocken lassen. Zum Wenden das Omelett auf einen Teller stürzen, wieder in die Pfanne gleiten lassen und fertig backen. Das fertige Omelett auf einen Teller gleiten lassen und den Vorgang wiederholen, sodass 2 Omeletts entstehen.

3. Die Kidneybohnen in ein Sieb abgießen, abbrausen und abtropfen lassen. Paprika und Chilischote putzen, waschen, entkernen und sehr klein schneiden. Zwiebel und Knoblauch schälen, sehr fein hacken.

4. Das Öl in einer Pfanne erhitzen und das Hackfleisch darin krümelig braten. Zwiebel, Knoblauch, Paprika, Chilischote und Tomatenmark zugeben und 5 Minuten braten. Mit Chili-, Paprikapulver und Salz würzen.

5. Schließlich die Bohnen, 25 g Käse und Koriander unterrühren. Das Omelett mit der Masse füllen, fest einrollen und mittig halbieren. Die Hälften nebeneinander in eine kleine gefettete Auflaufform legen.

6. Den restlichen Cheddar in einer Schüssel mit dem Schmand verrühren und auf den Rollen verteilen. Form in den Ofen (Mitte) schieben und Rollen 20–25 Minuten gratinieren.

*Pro Person: 650 kcal,
43,2 g Eiweiß, 43,7 g Fett,
17,5 g Kohlenhydrate*

Schmorgemüse mit Schafskäse

Für 2 Personen
Zubereitungszeit: 40 Minuten

Zutaten:

4 Stängel Basilikum
1 TL Rapsöl
2 TL Olivenöl
Salz, Pfeffer
200 g Feta
2 Paprikaschoten
300 g Tomaten
1 Zucchini
1 Zwiebel
2 EL heller Aceto balsamico
1 EL Honig
40 g schwarze entsteinte Oliven

1. Den Backofen auf 180 °C Umluft vorheizen.

2. Basilikum waschen, trocken schütteln, die Blätter von den Stängeln zupfen und in Streifen schneiden, dabei einige ganze Blätter als Deko beiseite legen. Rapsöl, Olivenöl, Basilikumstreifen, Salz und Pfeffer in einer Schüssel mit dem Stabmixer fein pürieren.

3. Den Feta auf ein großes Stück Alufolie legen, mit 1 TL des Basilikumöls (Rest beiseite stellen) beträufeln und die Alufolie darüber zusammenraffen und mehrfach einschlagen, sodass ein Päckchen entsteht. Päckchen auf den Rost legen und im Ofen (Mitte) 15–25 Minuten backen.

4. Inzwischen das Gemüse putzen und waschen. Die Paprika in mundgerechte Rauten schneiden. Die Tomaten würfeln. Die Zucchini längs halbieren und in Scheiben schneiden. Die Zwiebel schälen und klein würfeln.

5. Das restliche Basilikumöl in einer Pfanne erhitzen und das Gemüse darin bei mittlerer Hitze zugedeckt ca. 10 Minuten schmoren lassen. Nach 5 Minuten Essig und Honig unterrühren.

6. Gemüse mit Salz und Pfeffer abschmecken und die Oliven untermischen. Zum gebackenen Feta servieren und mit den beiseite gelegten Basilikumblättern garnieren.

*Pro Person: 520 kcal,
21g Eiweiß, 36 g Fett,
22,1g Kohlenhydrate*

Fruchtiger Rucolasalat mit gebratener Hähnchenbrust

Für 4 Personen
Zubereitungszeit: *25 Minuten*

Zutaten:

250 g Hähnchenbrustfilet
Salz, Pfeffer
3 EL Rapsöl
200 g Rucola
2 Feigen
50 g Blaubeeren
100 g Feta
4 EL Aceto balsamico
1 TL Senf
1 TL Zucker

1. Das Hähnchenbrustfilet waschen, mit Küchenpapier trocken tupfen und mit Salz und Pfeffer würzen. In einer beschichteten Pfanne 1 EL Öl erhitzen und das Fleisch darin ca. 10 Minuten von beiden Seiten braten. Herausnehmen und etwas abkühlen lassen.

2. Den Rucola verlesen, dabei grobe Stiele entfernen, waschen und trocken schleudern. Die Feigen waschen, halbieren und in Spalten schneiden. Die Blaubeeren waschen und trocken tupfen. Den Feta grob zerbröckeln.

3. Rucola, Feigen, Feta und Blaubeeren in eine Schüssel geben.

4. Essig, Salz, Pfeffer, Senf, Zucker und das restliche Öl in einer Schüssel verrühren. Dressing über den Salat gießen und alles gut vermengen.

5. Salat auf Tellern anrichten. Das Fleisch in Scheiben schneiden und auf dem Salat verteilen.

Pro Person: 270 kcal,
20,6 g Eiweiß, 14,6 g Fett,
11,9 g Kohlenhydrate,
131,8 µg Vitamin K

Putenpfanne mit Zuckerschoten

Für 2 Personen
Zubereitungszeit: 25 Minuten

Zutaten:

200 g Zuckererbsenschoten
1 rote Paprikaschote
300 g Champignons
2 Zwiebeln
300 g Putenschnitzel
2 EL Olivenöl
Salz, Pfeffer
edelsüßes Paprikapulver

1 Die Zuckererbsenschoten putzen und waschen. Die Paprika putzen, waschen und fein würfeln. Champignons putzen, trocken mit einem Küchentuch abreiben und vierteln. Zwiebeln schälen, halbieren und in feine Streifen schneiden. Die Putenschnitzel waschen, mit Küchenpapier trocken tupfen und in dünne Medaillons schneiden.

2 1 EL Olivenöl in einer Pfanne erhitzen und Fleischstücke darin 2–3 Minuten von beiden Seiten braten. Mit Salz und Pfeffer würzen, aus der Pfanne nehmen und beiseite stellen.

3 In der gleichen Pfanne das restliche Olivenöl erhitzen und die Zuckerschoten, die Zwiebeln und die Paprikawürfel darin 5–6 Minuten braten. Die Champignons dazugeben und weitere 3–4 Minuten garen. Mit Salz, Pfeffer und Paprikapulver abschmecken.

4 Das Fleisch zufügen und abschließend in 2–3 Minuten fertig braten. Zum Servieren Putenpfanne mit frischen Thymianblättchen bestreuen.

Tipp

Zuckererbsenschoten können Sie auch roh verzehren: einfach nach dem Waschen und Putzen in feine Streifen schneiden und zu einem Salat geben.

Pro Person: 334 kcal,
43,9 g Eiweiß, 12,2 g Fett,
8,8 g Kohlenhydrate

Zucchini-Garnelen-Salat

Für 2 Personen
Zubereitungszeit: 20 Minuten

Zutaten:

2 EL heller Aceto balsamico
3 EL Olivenöl
1 TL mittelscharfer Senf
1 TL getrockneter Oregano
Salz, Pfeffer
100 g kernlose helle Weintrauben
100 g Feta
80 g grüne entsteinte Oliven
300 g Zucchini
40 g geröstete und ungesalzene Pistazienkerne
ca. 300 g Lollo bianco
150 g Garnelen (küchenfertig)

1. Essig, 2 EL Öl, Senf, Oregano, Salz und Pfeffer in einer Schüssel zu einem Dressing verrühren.

2. Die Weintrauben waschen, von der Rebe lösen und halbieren. Den Feta zerbröckeln, die Oliven abtropfen lassen und in Scheiben schneiden. Die Zucchini putzen, waschen und mit einer Gemüsereibe grob raspeln oder in Halbmonde hobeln.

3. Weintrauben, Feta, Oliven, Pistazien und Zucchini in einer Schüssel vermischen. Das Dressing zugeben und alles gut vermengen.

4. Den Lollo bianco waschen, trocken schütteln und in mundgerechte Stücke pflücken.

5. Die Garnelen waschen und mit Küchenpapier trocken tupfen. Das restliche Öl in einer Pfanne erhitzen und Garnelen darin 2–3 Minuten braten, mit Salz und Pfeffer würzen.

6. Zum Servieren die Salatblätter dekorativ auf den Tellern drapieren, den Zucchinisalat darauf verteilen und die Garnelen darüberlegen.

Pro Person: 640 kcal, 31,7 g Eiweiß, 45,2 g Fett, 21,2 g Kohlenhydrate

Lachsfilet mit fruchtigem Spinatsalat

Für 2 Personen
Zubereitungszeit: 25 Minuten

Zutaten:

300 g Lachsfilet
1 TL Zitronensaft
4 TL Olivenöl
1 Knoblauchzehe
1 EL Bärlauchsenf
1 TL frische Thymianblättchen
80 g frischer Spinat
1 kleine rote Zwiebel
1 Orange
1 Grapefruit
1 EL Aceto balsamico
Salz, Pfeffer

1. Den Backofen auf 200 °C Umluft vorheizen.
2. Den Lachs kalt abbrausen, mit Küchenpapier trocken tupfen und mit Zitronensaft beträufeln. Eine Auflaufform mit 1 TL Öl auspinseln und den Lachs hineinlegen.
3. Knoblauch schälen und durch eine Presse in eine Schüssel drücken. 1 TL Olivenöl, Bärlauchsenf und Thymian zugeben und verrühren. Die Oberseite des Fischs damit bestreichen. Lachs in den Ofen schieben (Mitte) und ca. 15 Minuten garen.
4. Währenddessen den Spinat verlesen, gut waschen und trocken schleudern. Die Zwiebel schälen und in feine Ringe schneiden. Die Orange und die Grapefruit schälen, auch die weiße Haut abziehen und die Filets auslösen, dabei den Saft auffangen. Spinat, Zwiebel, Orangen- und Grapefruitfilets in einer Schüssel vermischen.
5. Für das Dressing Essig, aufgefangenen Orangen- und Grapefruitsaft und das restliche Olivenöl verrühren.
6. Den Salat kurz vor dem Servieren mit dem Dressing beträufeln und leicht salzen.
7. Den Fisch mit Salz und Pfeffer würzen und zusammen mit dem Salat servieren.

Pro Person: 435 kcal,
32,4 g Eiweiß, 27,4 g Fett,
11,3 g Kohlenhydrate

Kabeljaufilet mit Spinatfüllung und Avocado-Dip

Für 2 Personen
Zubereitungszeit: 25 Minuten

Zutaten:

Für den Fisch:
350 g Kabeljaufilet
Salz, Pfeffer
200 g Blattspinat
1 Knoblauchzehe
75 g Frischkäse (20 % Fett)
1 Ei (Größe M)
1 EL Olivenöl

Für den Dip:
½ Bund frische Koriander
1 Avocado
100 g Speisequark (20 % Fett)
50 ml Milch (1,5 % Fett)
50 g Kirschtomaten
Salz, Pfeffer
½ Bio-Zitrone

1. Das Kabeljaufilet waschen, mit Küchenpapier trocken tupfen und in 2 gleich große Stücke schneiden. Mit einem spitzen Messer eine Tasche in jedes Filet schneiden. Die Filets von außen mit Salz und Pfeffer würzen.

2. Für die Füllung den Spinat waschen, die Blätter von den Stielen befreien und in grobe Streifen schneiden. Die Spinatstreifen in einem Topf mit 1 l kochendem Salzwasser ca. 1 Minute blanchieren. In ein Sieb abgießen, mit kaltem Wasser abschrecken und kräftig ausdrücken.

3. Den Knoblauch schälen, fein hacken und mit dem Frischkäse und dem Ei in einer Schüssel vermengen. Den Spinat zufügen, gut untermischen und Masse mit Salz und Pfeffer würzen. Die Filets mit der Spinatmasse füllen und jeweils mit einem Zahnstocher verschließen.

4. Das Öl in einer Pfanne erhitzen und den gefüllten Seelachs darin von jeder Seite 4–5 Minuten braten.

5. Währenddessen für den Dip den Koriander waschen, trocken schütteln, entstielen und fein hacken. Einige Blätter für die Garnitur zurücklegen. Die Avocado halbieren, vom Kern befreien, schälen und das Fruchtfleisch fein würfeln. Koriander, Avocado, Quark und Milch in eine Schüssel geben und mit dem Stabmixer pürieren.

6. Tomaten waschen, vierteln und unter die Avocadocreme mischen. Mit Salz und Pfeffer abschmecken.

7. Die Zitrone waschen und in Spalten schneiden. Vor dem Servieren die Zahnstocher aus dem Fisch entfernen und die Filets mit dem Avocado-Dip auf Tellern anrichten. Mit Korianderblättern und Zitrone garnieren.

*Pro Person: 510 kcal,
52,5 g Eiweiß, 28,1 g Fett,
8,6 g Kohlenhydrate*

Rindersteakstreifen mit Grüne-Bohnen-Salat

Für 2 Personen
Zubereitungszeit: 25 Minuten

Zutaten:

300 g grüne Bohnen
Salz
2 rote Zwiebeln
2 Rinderhüftsteaks (à 200 g)
2 Zweige Rosmarin
2 EL Rotweinessig
Pfeffer
3 EL Öl
50 g Blaubeeren
50 g schwarze entsteinte Oliven

1. Die Bohnen putzen, waschen, halbieren und in einem Topf mit kochendem Salzwasser in 15 Minuten weich kochen.

2. Währenddessen die Zwiebeln schälen und in Ringe schneiden. Die Steaks waschen, mit Küchenpapier trocken tupfen und in feine Streifen schneiden. Den Rosmarin waschen, trocken schütteln und die Blättchen abzupfen.

3. Die Bohnen in ein Sieb abgießen, mit kaltem Wasser abschrecken und abtropfen lassen. Dann in eine Schüssel umfüllen und mit den Zwiebeln vermischen.

4. Essig, Salz, Pfeffer und 1 EL Öl in einer Schüssel verrühren und Dressing mit den Bohnen mischen.

5. Die Blaubeeren verlesen und waschen.

6. Das restliche Öl in einer Pfanne erhitzen, die Fleischstreifen mit dem Rosmarin hineingeben und 2 Minuten anbraten. Herausnehmen, auf einen Teller legen und mit Alufolie abdecken. Den Bratensatz aus der Pfanne mit 4 EL Wasser ablösen. Die Heidelbeeren und die Oliven in die Pfanne geben und 2–3 Minuten köcheln lassen.

7. Den Heidelbeer-Oliven-Sud und den Salat zusammen mit den Rindersteakstreifen auf Tellern anrichten.

Pro Person: 455 kcal, 47,9 g Eiweiß, 24,4 g Fett, 8,6 g Kohlenhydrate

Fingerfood

Demenzerkrankungen haben unzählige, individuell unterschiedliche und mannigfaltige Begleiterscheinungen, zu denen im Verlauf häufig ein Zustand innerer Unruhe gehört, der – wenn bewusst wahrgenommen – als äußerst unangenehm erlebt werden kann. Versuchen Sie es, sich vorzustellen: Sie fühlen sich (scheinbar) ohne ersichtlichen Grund maximal angespannt und können nichts dagegen tun – außer sich zu bewegen. Sie haben einen kaum bremsbaren Bewegungsdrang, der es Ihnen unmöglich macht, sich für längere Zeit zu jemandem zu setzen oder in Ruhe zu essen, zu lesen oder zu sprechen. Das ist belastend. Sehr belastend. Für die Angehörigen ist solch eine Unruhe ebenfalls herausfordernd, vor allem, wenn der Betroffene nicht mehr äußern kann, was los ist, und man kaum eine Chance hat, herauszufinden, was der Auslöser dieses sogenannten agitierten Verhaltens ist. Die Anlässe sind tatsächlich vielfältig: Übermüdung, Hunger, Durst, Urindrang oder Angstgefühle können ursächlich sein, genauso aber körperliche Beschwerden wie Infekte bzw. damit verbundene Schmerzen oder ein Delir. Und dann gibt es noch die Demenzpatienten, die einfach schon immer viel Bewegung gebraucht haben, vielleicht Sportler waren und denen der Bewegungsdrang »im Blut« liegt. Es ist wirklich schwer zu pauschalisieren, was einen Menschen in einen Zustand bringt, in dem er viel laufen möchte. Außerdem kann motorische Unruhe – neben diesem immensen Laufdrang – genauso andere Symptome bedeuten: Bei mittelgradiger und schwerer Demenz kann es beispielsweise zu verbal agitiertem Verhalten kommen, welches unter anderem ständiges Sich-Beschweren, repetitives Wiederholen bestimmter Aussagen oder Fluchen beinhalten kann. Körperlich agitiertes Verhalten kann zum Beispiel als Sich-Entkleiden sowie durchaus mit aggressiven Tendenzen als Schlagen oder Kratzen beobachtet werden. Die Frage ist zum einen: Können wir nicht medikamentöse Maßnahmen ergreifen, die dem Betroffenen helfen? Zum anderen müssen wir klären, ob wir den Betroffenen in seiner aktuellen Situation »abholen«, sprich, wir ihm leckeres Essen anbieten können, auch wenn die Unruhe weiterhin besteht. Die Antwort auf beide Fragen lautet: Ja!

Eine Atmosphäre des Vertrauens und der Sicherheit bildet die Grundlage für verschiedenste Ideen, Betroffenen mehr Ruhe zu ermöglichen. Dabei ist klar, dass jede Person anders ist, ganz eigene Bedürfnisse hat und in sehr individuellen Situationen steckt. Pauschal anwendbare Tipps sind daher schwierig, auch wenn tatsächlich für alle und in jedem Moment gilt: Versuchen Sie nicht, den Betroffenen zurechtzuweisen oder ihm zu erklären, er solle doch sitzen bleiben oder das sonstige unruhige Verhalten stoppen. Es ist krankheitsimmanent, dass kognitive Fähigkeiten eingeschränkt sind und solche gut gemeinten Ratschläge nicht mehr vollumfänglich erfasst und umgesetzt werden können. Jemand mit demenziellen Veränderungen kann also nichts dafür, die Unruhe ist für ihn erst einmal nicht kontrollierbar. Helfen können wir aber dennoch – mit Ablenkung, Aufmerksamkeit oder Ruhe.

Es kann häufig schon Linderung bedeuten, die Betroffenen von einem Übermaß an Reizen abzuschirmen. Natürlich nicht grundsätzlich – auch ein »Zu wenig« an Reizen kann mit der Zeit Verhaltensauffälligkeiten hervorrufen. »Autostimulation« wird das Phänomen genannt, wenn von Demenz betroffene Personen einer Reizverarmung begegnen, indem sie sich selbst stimulieren. Typische Beispiele sind Nestelbewegungen auf der Bettdecke, Reiben und Kratzen auf der eigenen Haut, Kratzen mit den Fingernägeln auf dem Tisch oder Schaukeln mit dem Oberkörper. Diese monotonen und mitunter selbstschädigenden Bewegungen sind als eine Art »Hilfeschrei« zu werten, wenn ein Mangel an sinnlichen Anregungen besteht.

Helfen kann auch, regelmäßig ausgiebig spazieren zu gehen, um dem Bewegungsdrang tatsächlich nachzugeben und eine gesunde Müdigkeit zu erzeugen, die es dem Betroffenen am Abend leichter macht, einzuschlafen. Ferner kann hilfreich sein, Rituale in den Alltag einzubauen, welche dem Betroffenen Struktur und somit auch Sicherheit verleihen. Versuchen Sie gerne, für Ablenkung zu sorgen. Bei dem einen ist es sinnvoll, seine Lieblingsmusik aufzulegen, ein anderer schaut gerne Fotoalben durch. Hier kann es sicherlich erforderlich sein, etwas herumzuprobieren. Wenn es die Fähigkeiten des Betroffenen zulassen, kann es auch sehr wohltuend für alle Beteiligten sein, wenn die Person in alltägliche Abläufe einbezogen wird. Lassen Sie Ihren erkrankten Angehörigen einfache Tätigkeiten in der Küche wie beispielsweise Kartoffelschälen übernehmen. Dies gibt dem oder der Betroffenen ein Gefühl der Kompetenz, fördert die motorischen und kommunikativen Fähigkeiten, lenkt ab und schenkt Ihnen als Familie gemeinsame Zeit, die sich hoffentlich nach etwas Normalität anfühlt. Auch therapeutische Interventionen können den Betroffenen guttun (etwa Aromatherapie), aber ebenso der Kontakt zu Tieren oder ganz basale Stimulation zum Beispiel durch ruhige Klänge oder visuelle Darbietungen.[38]

Wie können wir nun einem Menschen mit hohem Bewegungsdrang, speziell vielleicht sogar mit einem enormen Bedürfnis, zu laufen, begegnen? So positiv es grundsätzlich ist, wenn sich jemand regelmäßig und ausgiebig bewegt, so ist die Gefahr nicht zu unterschätzen, dass die demenziell veränderte Person nicht mehr ausreichend isst, weil die Ruhe fehlt, sich an den Esstisch zu setzen. Ein hoher Bewegungsdrang geht zusätzlich mit einem höheren Kalorienverbrauch einher als bei Menschen mit weniger Bewegung. Dies kann die Nährstoffaufnahme besorgniserregend reduzieren und zu Unter- oder Mangelernährung führen.

Eine simple Lösung für Ihren Speiseplan: Fingerfood! Zugegeben, man könnte auch einfach »Häppchen« sagen, aber das englische »Fingerfood« ist Programm. Speisen, die so zubereitet sind, dass sie ohne Besteck gegessen werden können, auch im Stehen oder Gehen. Dazu zählen Canapés, Sandwiches, Energiebällchen, Wraps oder Muffins.

Fingerfood hat viele Vorteile: So können Bewegungsstörungen bzw. Schwierigkeiten bei der Bewegungskoordination dazu führen, dass das Essen mit Messer und Gabel nur noch mit Mühe möglich ist. Gelenkschmerzen oder eine mit dem Alter nachlassende Feinmotorik können das Benutzen von Besteck ebenfalls beschwerlich werden lassen. Um den Betroffenen so lange wie möglich ihre Selbstständigkeit zu wahren, kann Fingerfood da eine gute Alternative sein. Manche

Patienten entwickeln in einem fortgeschrittenen Stadium der Demenz eine diffuse Angst vor Besteck und fühlen sich bedroht von Messer und Gabel, weil sie die Situation, in welcher sie angeboten werden, nicht mehr richtig einschätzen können; wenn sie Besteck verweigern, kann Fingerfood eine gute Lösung sein. Betroffene, die an schweren Gedächtnisstörungen leiden, können vergessen, warum sie essen sollen oder ob sie schon gegessen haben. Auch hier kann es helfen – wie bei Personen mit starkem Laufdrang –, Fingerfood anzubieten. Eine Möglichkeit ist, an unterschiedlichen Orten in der Wohnung kleine »Snackstationen« einzurichten, sodass sich die Betroffenen beim Vorbeigehen einfach einen Happen mitnehmen können. Der Vorteil am Fingerfood ist, dass man es, wie bereits erwähnt, auch beim Gehen essen kann. »Eat by Walking« wird dieses Ernährungskonzept genannt, welches einer Mangelernährung von an Demenz erkrankten Menschen vorbeugen soll, indem an verschiedenen Plätzen im Wohnbereich Fingerfood platziert wird. Attraktiv angerichtet, ist die Lust stets groß, zuzugreifen, wenn man mal wieder an einem Snack vorbeikommt. So kann mittels vieler dieser kleinen Mahlzeiten über den gesamten Tag verteilt eine ausreichende Kalorienaufnahme gewährleistet werden.

Wichtig: Verwenden Sie für Ihr Fingerfood keine Spieße oder Zahnstocher, da die Verletzungsgefahr für demenziell veränderte Personen groß ist.

Nussbällchen

Für 10 Bällchen
Zubereitungszeit: 10 Minuten

Zutaten:

50 g Pistazienkerne
100 g Cashewkerne
100 g getrocknete, entsteinte Softdatteln
80 g getrocknete Cranberrys

1. Pistazien- und Cashewkerne getrennt fein hacken. Die Pistazien auf einen Teller, die Cashewkerne in eine Schüssel geben.

2. Die Datteln grob hacken und mit den Cranberrys zu den Cashewkernen geben. Mit dem Stabmixer pürieren, dabei ca. 2 TL heißes Wasser zufügen, damit eine formbare Masse entsteht.

3. Mit einem Esslöffel etwas von der Masse abnehmen und mit angefeuchteten Händen zu einer Kugel formen. Kugel in den gehackten Pistazien wälzen und auf einen mit Backpapier belegten Teller setzen. Vorgang wiederholen, bis die Masse aufgebraucht ist. Kugeln ca. 1 Stunde im Kühlschrank kalt stellen.

4. Die Nussbällchen lassen sich in einer verschließbaren Dose gekühlt ca. 1 Woche aufbewahren.

Pro Stück: 145 kcal, 3,4 g Eiweiß, 7,4 g Fett, 15,3 g Kohlenhydrate

Erdnuss-Schoko-Bällchen

Für 10 Bällchen
Zubereitungszeit: 10 Minuten

Zutaten:

30 g Zartbitterschokolade
50 g geröstete und gesalzene Erdnüsse
100 g getrocknete, entsteinte Softdatteln
1 EL geschrotete Leinsamen
1 EL Erdnussbutter (ca. 40 g)

1. Nacheinander Schokolade, Erdnüsse und Softdatteln in einem Universalzerkleinerer fein hacken. In eine Schüssel umfüllenund mit Leinsamen und Erdnussbutter gut vermischen.

2. Aus der Masse walnussgroße Kugeln formen und diese auf einen Teller legen. Im Kühlschrank ca. 30 Minuten kalt stellen.

Pro Stück: 104 kcal, 3 g Eiweiß, 5,9 g Fett, 8,9 g Kohlenhydrate

Feigen-Hafer-Bällchen

Für 10 Bällchen
Zubereitungszeit: 10 Minuten

Zutaten:

50 g gemischte Nüsse und Kerne (z. B. Haselnuss-, Cashew- und Mandelkerne)
50 g getrocknete Feigen
50 g Butter (oder vegane Margarine)
1 EL heller Rübensirup
2 EL blütenzarte Haferflocken

1. Die Nüsse und Kerne in einem Universalzerkleinerer fein hacken und in einer beschichteten Pfanne ohne Fett rösten. Herausnehmen und auskühlen lassen.
2. Die Feigen ebenfalls hacken.
3. Butter bzw. vegane Margarine und Rübensirup in einen Topf geben und kurz aufkochen. Haferflocken, Nussmischung und Feigen zugeben und gut verrühren. Topf vom Herd nehmen und Masse auskühlen lassen.
4. Aus der Masse walnussgroße Kugeln formen und diese auf einen Teller legen. Im Kühlschrank ca. 30 Minuten kalt stellen.

Pro Stück: 94 kcal, 1,5 g Eiweiß, 6,7 g Fett, 6,7 g Kohlenhydrate

Sommerrollen mit Tofu

Für 8 Rollen
Zubereitungszeit: 30 Minten

Zutaten:

Für die Rollen:
200 g Möhren
3 Frühlingszwiebeln
100 g Babyspinat
300 g Tofu (Natur)
4 Stiele Minze
4 EL Rapsöl
8 Blätter Reispapier (ca. 16 cm Ø)
8 TL Sesamöl

Für den Dip:
1 Chilischote
4 Stiele Petersilie
100 g gesalzene Cashewkerne
Salz, Pfeffer

1. Möhren putzen, schälen und in dünne Streifen schneiden. Frühlingszwiebeln putzen, waschen und in dünne Ringe schneiden. Spinat verlesen, waschen und gut abtropfen lassen. Tofu in breite Streifen zerteilen. Minze waschen, trocken schütteln und die Blätter abzupfen.

2. In einer Pfanne 1 EL Rapsöl erhitzen, den Tofu darin unter Wenden ca. 4 Minuten braten, dann herausnehmen.

3. Für die Rollen jeweils 1 Reispapierblatt ca. 30 Sekunden in einer Schüssel mit kaltem Wasser einweichen, herausnehmen und mit einem Küchentuch abtupfen. Reispapier auf die Arbeitsfläche legen. Auf dem Papier 6–10 Blätter Minze verteilen. ⅛ der vorbereiteten Zutaten auf den unteren Rand des Reispapiers legen. Gemüse und Tofu mit 1 TL Sesamöl beträufeln. Reispapier an den Seiten einschlagen und fest aufrollen. Mit dem restlichen Reispapier und den restlichen vorbereiteten Zutaten ebenso verfahren. Es entstehen 8 Rollen.

4. Chilischote putzen, der Länge nach aufschneiden, Kerne entfernen, Schote waschen und klein schneiden.

5. Petersilie waschen, trocken schütteln und Blätter abzupfen. Petersilie und Cashewkerne in eine Schüssel geben und mit dem Stabmixer pürieren. Chili zugeben, erneut mixen und das restliche Öl darunterschlagen. Dip mit Salz und Pfeffer würzen.

6. Sommerollen mit dem Dip servieren.

Pro Stück: 264 kcal,
9,7 g Eiweiß, 18,1 g Fett,
14,6 g Kohlenhydrate

Spinat-Wraps

Für 8 Wraps
Zubereitungszeit: 30 Minuten

Zutaten:

200 g junger Blattspinat
3 EL Rapsöl
Salz
250 g Dinkelmehl
200 g Hähnchenbrustfilet
Pfeffer
100 g getrocknete Tomaten
2 Stiele Basilikum
200 g Hüttenkäse (10 % Fett)
100 g Frischkäse (20 % Fett)
1 rote Zwiebel
Mehl für die Arbeitsfläche

1 Spinat verlesen, waschen und gut abtropfen lassen. 75 g Spinat, 2 EL Öl und ca. 150 ml Wasser in eine Schüssel geben und mit dem Stabmixer fein pürieren. Mit Salz würzen.

2 Mehl in eine Schüssel geben. Die Spinatmischung zufügen und mit den Knethaken des Handrührgerätes unterkneten, bis ein geschmeidiger, nicht zu feuchter Teig entsteht. Schüssel mit Folie abdecken und Teig ca. 1 Stunde ruhen lassen.

3 Hähnchenbrustfilet waschen, mit Küchenpapier trocken tupfen und mit Salz würzen. Das restliche Öl in einer Pfanne erhitzen und das Filet darin rundherum ca. 10 Minuten braten. Herausnehmen, mit Pfeffer würzen und abkühlen lassen.

4 Tomaten in kleine Stücke schneiden. Basilikum waschen, trocken schütteln, die Blättchen abzupfen und klein schneiden.

5 Hüttenkäse und Frischkäse in einer Schüssel verrühren und mit Salz und Pfeffer abschmecken. Tomaten und Basilikum unterheben. Zwiebel schälen, halbieren und in Streifen schneiden.

6 Teig auf einer gut bemehlten Arbeitsfläche zu einer Rolle formen und in 8 gleich große Stücke teilen. Teigstücke auf der bemehlten Arbeitsfläche rund (ca. 26 cm Ø) und sehr dünn ausrollen.

7 Wraps nacheinander in einer großen heißen Pfanne ohne Fett 1–2 Minuten unter Wenden backen. Herausnehmen und abkühlen lassen.

Pro Person: 244 kcal, 15,4 g Eiweiß, 7,9 g Fett, 25,9 g Kohlenhydrate

8 Hähnchenfleisch in Stücke schneiden. ⅔ jedes Wraps mit etwas Tomatencreme bestreichen und jeweils mit dem restlichen Spinat, Zwiebeln und Hähnchenfleisch belegen. Das freie Drittel jedes Wraps über die Füllung klappen und Fladen aufrollen. Mit Küchengarn umwickeln und servieren.

Sommerrollen mit Erdnusssauce

Für 8 Rollen
Zubereitungszeit: 30 Minuten

Zutaten:

Für die Sommerrollen:
100 g Reisnudeln
3 EL Rapsöl
½ Salatgurke
1 rote Paprikaschote
100 g Möhren
1 Avocado
4 große Blätter Eisbergsalat
½ Bund Minze
½ Bund Koriander
200 g Tofu (geräuchert)
3 EL Sojasauce
8 Blätter Reispapier (16 cm Ø)

Für die Sauce:
Saft von ½ Limette
2 EL Erdnussbutter
7 EL Sojasauce

1. Reisnudeln in einer Schüssel mit kochendem Wasser übergießen und ca. 2 Minuten quellen lassen. Durch ein Sieb abgießen, kalt abspülen, abtropfen lassen und dann in einer Schüssel mit 1 TL Öl vermischen.

2. Gurke und Paprika putzen und waschen. Möhren putzen und schälen. Gemüse in dünne Stifte schneiden. Avocado halbieren, entkernen, schälen und Fruchtfleisch in Scheiben schneiden. Eisbergsalat waschen trocken tupfen und in feine Streifen schneiden. Minze und Koriander waschen und trocken schütteln und die Blätter abzupfen.

3. Tofu zwischen 2 Blätter Küchenpapier legen und sanft etwas Flüssigkeit herauspressen. Dann in 8 Stifte schneiden. Das restliche Öl in einer großen Pfanne erhitzen und den Tofu darin bei mittlerer Hitze ca. 10 Minuten von allen Seiten knusprig braten. Unter Rühren mit der Sojasauce ablöschen.

4. Für die Rollen jeweils 1 Reispapierblatt ca. 30 Sekunden in einer Schüssel mit kaltem Wasser einweichen, herausnehmen und mit einem Kuchentuch abtupfen. Reispapier auf ein Brett legen und mittig mit ⅛ der vorbereiteten Zutaten belegen. Den unteren Teil des Reispapiers über die Füllung schlagen, die Seiten einklappen und Papier kompakt aufrollen. Mit den restlichen vorbereiteten Zutaten und dem restlichen Reispapier ebenso verfahren, sodass 8 Rollen entstehen. Zum Servieren die Sommerrollen halbieren.

5. Für die Erdnusssauce Limettensaft, Erdnussbutter, Sojasauce und 2 EL Wasser in einer Schüssel glatt rühren. Die Sauce zu den Rollen reichen.

Pro Stück: 225 kcal,
7,9 g Eiweiß, 10,6 g Fett,
22,9 g Kohlenhydrate

Gemüse-Muffins

Für 8 Muffins
***Zubereitungszeit:** 25 Minuten*

Zutaten:

1 rote Paprikaschote
1 Frühlingszwiebel
100 g Champignons
4 Eier (Größe M)
Salz, Pfeffer
1 Msp. frisch geriebene Muskatnuss
100 g Gouda

1 Den Backofen auf 200 °C Ober-/Unterhitze vorheizen.

2 Paprika und Frühlingszwiebel putzen, waschen und klein schneiden. Champignons trocken mit einem Küchentuch abreiben, putzen und in kleine Stücke schneiden. Das Gemüse in eine Schüssel geben.

3 Die Eier in eine Schüssel aufschlagen und mit dem Schneebesen verquirlen. Ei unter das Gemüse mischen. Mit Salz, Pfeffer und Muskatnuss kräftig würzen.

4 Die Mulden eines Muffinblechs oder einer Silikonform mit Papierförmchen auslegen und die Masse gleichmäßig darin verteilen.

5 Den Käse reiben, auf den Teig streuen und Muffins 15–20 Minuten im Ofen backen. Herausnehmen, kurz abkühlen lassen und aus den Mulden lösen.

*Pro Stück: 89 kcal,
6,5 g Eiweiß, 6,4 g Fett,
1,2 g Kohlenhydrate*

Fladenbrot-Wrap

Zutaten:

Für das Fladenbrot:
3 Eier (Größe M)
100 g Frischkäse (20 % Fett)
1 EL gemahlene Flohsamenschalen
1 Päckchen Backpulver
1 Prise Salz
50 g geriebener Gouda
Mehl für die Arbeitsfläche

Für den Tomaten-Dip:
150 g Joghurt (3,5 % Fett)
1 EL Tomatenketchup
1 EL frisch gehackte Petersilie
Salz, Pfeffer

Für den Belag:
1 Hähnchenbrustfilet (400 g)
300 g Tomaten
2 Frühlingszwiebeln
150 g Mais aus der Dose
etwas Chinakohl
1 EL Rapsöl
Salz, Pfeffer

1. Den Backofen auf 150 °C Umluft vorheizen.

2. Für das Fladenbrot die Eier trennen. Eigelb, Frischkäse, Flohsamenschalen, Backpulver, Salz und Gouda in einer Schüssel verrühren. Eiweiß in einer zweiten Schüssel mit dem Handrührgerät steif schlagen, dann unter die Eigelbmasse heben. Den Teig in 4 Portionen teilen und jeweils auf der leicht bemehlten Arbeitsfläche ca. 1 cm dick rund ausrollen. Fladen auf ein mit Backpapier belegtes Backblech legen.

3. Die Fladenbrote im Ofen in ca. 15 Minuten goldbraun backen. Herausnehmen und auskühlen lassen.

4. Für den Dip alle Zutaten in einer kleinen Schüssel miteinander verrühren und mit den Gewürzen abschmecken.

5. Für den Belag das Hähnchenbrustfilet waschen und mit Küchenpapier trocken tupfen. Der Länge nach halbieren, dann quer in Streifen schneiden.

6. Tomaten waschen, vierteln, Stielansätze und Samen entfernen und das Fruchtfleisch würfeln. Die Frühlingszwiebeln putzen, waschen und in Ringe schneiden. Den Mais in ein Sieb schütten und abtropfen lassen. Chinakohl waschen, gut abtropfen lassen und die Blätter in Streifen schneiden.

7. Das Öl in einer Pfanne erhitzen und die Hähnchenbrustfiletstreifen darin anbraten. Mais und Frühlingszwiebeln zufügen und kurz garen. Dann die Tomatenwürfel zugeben, alles mit Salz und Pfeffer würzen und einmal durchschwenken.

8. Die Fladenbrote jeweils mit 1 TL Dip bestreichen und mit Chinakohlstreifen belegen. Die Hähnchen-Tomaten-Mischung darauf verteilen und sofort servieren.

Pro Stück: 370 kcal,
18,6 g Eiweiß, 8,5 g Fett,
7,1 g Kohlenhydrate

Lust auf Süßes

Schokolade, Gummibären, Bonbons, Zuckerwatte, Eiscreme, Kuchen, Plätzchen, Pudding, Krapfen, Crêpes – die Liste an Süßwaren und -speisen ist endlos lang und endlos lecker. Auch wenn nicht alle Menschen gleich gerne naschen, so werden Sie, liebe Leserinnen und Leser, uns sicher zustimmen, dass zumindest ab und zu kaum etwas mehr Genuss bietet als ein zuckerhaltiger Leckerbissen. Aber freilich sind Süßigkeiten in Maßen zu genießen: Übergewicht, Karies und Diabetes sind nur einige der negativen Folgen, die zu erwarten sind, wenn wir regelmäßig zu viel Zucker essen. Der steckt aber – nur als Information am Rande – auch in vielen pikanten Lebensmitteln in weit größere Menge, als man vielleicht denkt.

Viele ältere Personen essen auffallend gerne Süßspeisen. Woran mag das liegen?

Ein Grund ist sicher, dass die Geschmacksqualität süß bis ins hohe Alter gut erhalten bleibt. Unser Geruchs- und unser Geschmacksempfinden sind eng miteinander verknüpft und nehmen mit höherem Lebensalter tendenziell ab. Dabei ist der Geschmackssinn nicht in Bezug auf jede Qualität gleich stark betroffen – süß wird im Gegensatz zu salzig, bitter und sauer noch sehr gut wahrgenommen. Als Gründe für den abnehmenden Geschmackssinn werden zum Beispiel eine mit höherem Alter reduzierte Zahl an Geschmacksknospen und Papillen diskutiert, ebenso Veränderungen der Speichelproduktion und -zusammensetzung, welche die Geschmackswahrnehmung beeinträchtigen. Ganz sind die zugrunde liegenden Mechanismen noch nicht geklärt. Interessant ist auch, dass manifeste Geschmacksstörungen selten allein, sondern meist in Kombination mit Geruchsstörungen auftreten. Für die Wahrnehmung von Aromen beim Essen ist ein Luftstrom über den Nasenrachenraum zu den Riechzellen der Nase erforderlich, welcher den typischen Geschmack eines Nahrungsmittels erst wirklich komplettiert. Auch eine Vielzahl an Erkrankungen (z. B. Grippe, Covid-19, Schilddrüsenerkrankungen, Diabetes mellitus) sowie Zinkmangel, Medikamente oder mangelnde Mundhygiene können das Geschmacksempfinden herabsetzen.

Frühe Duftpräferenzen halten sich oft bis ins hohe Alter. Wenn ich also als Kind gerne das »Kölnisch Wasser« meiner Großmutter gerochen habe, so ist die Wahrscheinlichkeit hoch, dass ich es mein Leben lang gerne riechen werde. Warum im Alter eine Verschlechterung des Geruchssinns auftreten kann (was weit häufiger der Fall ist als Schmeckstörungen), hat unterschiedliche Gründe. Ein simpler Schnupfen, Medikamente, Schädelverletzungen, Nasenpolypen, Störungen im Hormonhaushalt oder Zahnerkrankungen – all das kann dem Geruchssinn schaden. Ferner kann ein zunehmender Verlust des Geruchssinns als Begleitsymptom neurodegenerativer Erkrankungen, insbesondere bei der Parkinson-Erkrankung, beobachtet werden.[39]

Dass sich Geruchs- und Geschmacksempfinden im Alter verändern, nehmen viele Menschen gar nicht so bewusst wahr. Eher führt man dann vermeintlich fades Essen auf fehlende Gewürze zurück und wechselt das Restaurant. Oder man entscheidet sich häufiger für Süßspeisen, weil man »einfach Lust darauf« hat. In Wahrheit garantieren zuckerlastige Mahlzeiten aber einfach das beste, da intensivste Geschmackserlebnis.

Es kann natürlich genauso sein, dass man im Alter deswegen gerne Süßspeisen isst, weil man sie mit schönen Erinnerungen verbindet. Beispielsweise kann der warme Pudding, den man immer bekommen hat, wenn man als Kind bei Oma zu Besuch war, ein Leben lang einen ganz besonderen Platz in unserem Gedächtnis einnehmen. Je älter wir werden, desto präsenter wird für uns unsere Vergangenheit und desto häufiger denken wir an weit zurückliegende Erlebnisse. Die Erinnerungen ermöglichen es uns, unsere eigene Identität aufrechtzuerhalten zu einer Zeit, in der wir durch die Einschränkungen des Alters stets schwächer werden.

Ganz grundsätzlich ist Zucker für uns alle – egal ob alt oder jung – mit einem gewissen Suchtpotenzial verbunden. Er triggert unser Belohnungssystem einschließlich bestimmter tief liegender Hirnkerne, welche dann das alltagssprachlich als »Glückshormon« bezeichnete Dopamin ausschütten. In der Folge fühlen wir uns einfach gut, wenn wir naschen. Tierstudien ergaben zudem Hinweise darauf, dass Zucker ähnliche Effekte auf das Gehirn hat wie eine Opiat-Abhängigkeit, inklusive Entzugserscheinungen bei Zuckerverzicht.[40] Ferner kann auch Stress einen Einfluss auf unsere Lust auf Süßes haben. Bei Stress verbraucht unser Gehirn mehr Energie und fordert dann natürlich den Energienachschub über die Nahrung rigoros ein. Zucker ist nichts anderes als ein Energielieferant; ob gesund oder nicht, das ist unserem Gehirn bei akutem Stress erst mal egal.

Daneben gibt es aber auch Gelüste auf Süßes, welche im Rahmen einer fortschreitenden Demenzerkrankung auftreten können. Besonders häufig ist dies bei der frontotemporalen Demenz zu beobachten, welche im Gegensatz zur Alzheimer-Demenz weniger mit Gedächtnisstörungen, sondern mit Verhaltensauffälligen und/oder Sprachstörungen beginnt und vergleichsweise junge Menschen betrifft (durchschnittliches Erkrankungsalter zwischen 50 und 60 Jahren). Die hier vorkommende unstillbare Lust auf Süßes ist Folge des Hirnschwundes, welches bestimmte Netzwerke stört, die das normale Essverhalten regulieren. Angehörige haben oft keine andere Wahl, als Lebensmittel wegzuschließen, um die Betroffenen »vor sich selbst zu schützen«. Lägen drei Tafeln Schokolade offen auf dem Tresen, die demenziell veränderten Personen würden sie alle auf einmal essen. Manchmal entwickeln die Betroffenen richtige »Spezialinteressen« und weigern sich, überhaupt etwas anderes zu essen als Süßes. Wie geht man damit um? Wie kann man als Angehöriger auf diese Lust auf Süßes eingehen, ohne das Risiko einer Mangelernährung zu erhöhen?

Bei demenziell veränderten Personen darf grundsätzlich gelten: Wohlbefinden und Lust am Essen sind mindestens genauso wichtig wie die Ausgewogenheit der Nahrungsmittel. Vielleicht darf man sogar noch einen Schritt weiter gehen: Lieber gibt es öfters Süßspeisen, als dass die Betroffenen gar nichts essen möchten. Ernährungsratgeber für ältere Menschen empfehlen Süßspeisen natürlich maximal einmal pro Woche und raten zu einer Kombination beispielsweise mit einer Suppe als Vorspeise.[41] Ich persönlich bin der Meinung, man kann öfters auch mal »Fünfe gerade sein lassen«. Hauptsache, allen schmeckt's. Und wer sagt, dass Süßspeisen grundsätzlich ungesund sein müssen? Wir nehmen hier beispielsweise auch mal den Zuckeralkohol Xylit. Dieser lässt sich wie Haushaltszucker verwenden, was ihn für den Einsatz bei süßen Backwaren, für die man das entsprechende Volumen braucht, interessant macht. Im Vergleich zu Zucker liefert er jedoch etwa 40 Prozent weniger Kalorien. Zudem sind kleine Mengen Xylit nicht blutzuckerwirksam. Grundsätzlich ist auch eine sparsame Verwendung von Zucker oder Süßungsmitteln wie Apfeldicksaft, Ahornsirup oder Honig kein Tabu. In kleinen Mengen von einem halben bis einem Teelöffel pro Portion haben sie kaum Einfluss auf den Blutzuckerspiegel. Und last, but not least sind Früchte ein tolles Angebot bei Süßhunger! Bevorzugen sollten Sie jedoch zuckerarme Sorten wie Erdbeeren, Brombeeren, Heidelbeeren, Himbeeren, Johannisbeeren, Stachelbeeren, Äpfel oder Aprikosen. Wenn Sie einmal einen exotischen Ausflug machen möchten, eignen sich beispielsweise Papaya oder Kiwi ganz hervorragend.

Sauerkirsch-Mandel-Auflauf

Für 2 Personen
Zubereitungszeit: 40 Minuten

Zutaten:
150 g ungezuckerte Sauerkirschen aus dem Glas
10 g Butter
1 Eiweiß plus 1 Ei (Größe L)
1 Prise Salz
Saft von ½ Zitrone
40 g Mandelblättchen
Mark von 1 Vanilleschote
80 g Speisequark (20 % Fett)
100 ml Milch (1,5 % Fett)
½ TL Johannisbrotkernmehl

Pro Person: 331 kcal, 17,6 g Eiweiß, 23,4 g Fett, 9,7 g Kohlenhydrate

1. Den Backofen auf 160 °C Umluft vorheizen.
2. Die Sauerkirschen in ein Sieb abgießen und dabei den Saft auffangen (siehe Tipp).
3. Eine feuerfeste Auflaufform mit Butter ausstreichen und die Sauerkirschen gleichmäßig darin verteilen.
4. Das Eiweiß in eine Schüssel geben, Salz und Zitronensaft zufügen und Eiweiß mit dem Handrührgerät steif schlagen.
5. Etwa ¼ der Mandelblättchen für die Garnitur beiseite stellen. Den Rest mit einem Messer sehr fein hacken.
6. Das ganze Ei mit dem Vanillemark, dem Mandelgranulat und dem Quark in einer Schüssel verrühren. Nach und nach die Milch und das Johannisbrotkernmehl zugeben und alles kräftig vermischen. Den Eischnee vorsichtig unterheben und die Masse auf den Sauerkirschen verteilen.
7. Den Auflauf im Backofen (Mitte) 25–30 Minuten backen. Anschließend portionieren und warm servieren.

Tipp
Den aufgefangenen Sauerkirschsaft mit 100 g Magerjoghurt mischen und als Joghurtdrink dazu servieren.

Orangen-Crêpes

Für 2 Personen
Zubereitungszeit: 20 Minuten

Zutaten:

2 Eier (Größe M)
2 g Johannisbrotkernmehl
40 g gemahlene Mandeln
30 g Eiweißpulver (neutral)
100 ml Milch (1,5 % Fett)
Mark von 1 Vanilleschote
1 TL Walnussöl
1 Bio-Orange
20 g Butter

1. Eier, Johannisbrotkernmehl, Mandeln, Eiweißpulver, Milch, Vanillemark und Walnussöl in eine Schüssel geben und zu einem glatten Teig verrühren.

2. Die Orange heiß waschen, abtrocken und die Schale abreiben. Die Orange gründlich schälen und das Fruchtfleisch in feine Würfel schneiden.

3. Eine Pfanne erhitzen und 5 g Butter darin schmelzen. ¼ des Teiges hineingießen, verlaufen lassen und den Crêpe von beiden Seiten goldbraun ausbacken. Herausnehmen, mit ¼ der Orangenstücke belegen und einrollen. Diesen Vorgang noch 3-mal wiederholen.

4. Crêpes vor dem Servieren mit Orangenabrieb garnieren.

*Pro Person: 390 kcal,
24,9 g Eiweiß, 27,3 g Fett,
9,4 g Kohlenhydrate*

Chiapudding mit Mango

Für 2 Personen
Zubereitungszeit: 10 Minuten plus Ruhezeit

Zutaten:

200 ml Kokosmilch
80 g Chiasamen
1 Mango (ca. 400 g)
2 EL Agavendicksaft
1 EL Butter
50 g Cashewkerne

1. Die Kokosmilch in einer Schüssel mit 200 ml Wasser vermischen. Die Chiasamen hinzufügen und mindestens 12 Stunden zugedeckt im Kühlschrank quellen lassen.

2. Die Mango schälen, aufrecht stellen und das Fruchtfleisch in groben Stücken vom Kern abschneiden. Das Mangofruchtfleisch in einen hohen Behälter geben und mit dem Stabmixer fein pürieren. Den Agavendicksaft zufügen und nochmals kurz mixen.

3. Die Butter in einer Pfanne schmelzen und die Cashewkerne darin goldbraun rösten. Herausnehmen.

4. Das Mangomousse in Gläser oder Schälchen füllen, den Chiapudding darüber verteilen und mit den gerösteten Cashewkernen garnieren.

Pro Person: 715 kcal,
15,2 g Eiweiß, 52,5 g Fett,
38,8 g Kohlenhydrate

Creamporridge mit Blaubeeren

Für 2 Personen

Zubereitungszeit: 20 Minuten

Zutaten:

250 ml Haferdrink
4 EL Instant-Haferflocken
1 Prise Salz
50 g Kokosraspel
125 g Blaubeeren
1 EL Honig

1. Haferdrink, Haferflocken und Salz in einem Topf unter Rühren aufkochen. Topf vom Herd nehmen und Haferflocken 3–4 Minuten zugedeckt quellen lassen. Dann abkühlen lassen.

2. Die Kokosraspel in einer beschichteten Pfanne ohne Fett goldbraun rösten. Beiseite stellen.

3. Die Blaubeeren waschen und trocken tupfen.

4. Den Honig unter den Haferbrei rühren und Brei abwechselnd mit den Blaubeeren in 2 Gläser schichten. Mit den Kokosraspeln bestreuen.

Pro Person: 321 kcal, 3,8 g Eiweiß, 19,2 g Fett, 29 g Kohlenhydrate

Schokocreme

Für 2 Personen
Zubereitungszeit: 10 Minuten plus Kühlzeit

Zutaten:

1 EL Kokosöl
200 g griechischer Joghurt (10 % Fett)
30 g Eiweißpulver (neutral)
½ TL Vanillepulver
1 EL Backkakao
2 Msp. Steviapulver
50 g Himbeeren
einige Minzeblättchen zum Garnieren

1 Das Kokosöl in einem Topf erwärmen, falls es nicht flüssig ist. Joghurt und Kokosöl in eine Schüssel geben und mit einem Schneebesen verrühren. Eiweißpulver, Vanillepulver, Kakao und Stevia untermischen.

2 Die Creme auf 2 Schälchen verteilen und ca. 30 Minuten im Kühlschrank erkalten lassen.

3 Vor dem Servieren die Beeren verlesen, waschen und zusammen mit der gewaschenen Minze auf der Creme anrichten.

Pro Person: 242 kcal,
16,1 g Eiweiß, 15,9 g Fett,
6,7 g Kohlenhydrate

Beerenmix-Torte

Für 16 Stücke
Zubereitungszeit: 45 Minuten plus Kühlzeit

Zutaten:

Für den Teig:

20 g Butter
90 g Mandelmehl
40 g Xylit
30 g ungesüßte Erdnussbutter
10 g ungesüßter Kakao
Mehl für die Arbeitsfläche

Für den Belag:

100 g Erdbeeren
100 g Brombeeren
100 g Himbeeren
250 g Schlagsahne
250 g Speisequark (20 % Fett)
2 EL Frischkäse (20 % Fett)
120 g Xylit
1 Päckchen Gelatine
40 g Schokolade (85 % Kakaoanteil)
¼ Bund Minze

1. Für den Teig die Butter in einem Topf schmelzen. Alle Zutaten gemeinsam mit der Butter in eine Schüssel geben und mit den Händen gründlich vermengen.

2. Den Boden einer Springform (20 cm Ø) mit Backpapier auslegen. Den Teig auf der bemehlten Arbeitsfläche in der Größe der Form ausrollen und auf den Boden der Springform legen. Den Springformrand ansetzen.

3. Die Beeren verlesen, entstielen und waschen. Die Erdbeeren vierteln. Die Hälfte der Beeren auf dem Boden verteilen.

4. Die Sahne in einer Schüssel mit dem Handrührgerät steif schlagen. In einer anderen Schüssel Quark, Frischkäse und Xylit verrühren.

5. Die Gelatine nach Packungsanweisung in einer Schüssel mit Wasser einweichen und auflösen. Etwas von der Quarkmasse mit der Gelatine verrühren, dann diese Mischung unter die Quarkmasse rühren. Zum Schluss die Sahne unterheben. ⅔ der Masse in die Springform gießen und gleichmäßig verteilen. Torte ca. 1 Stunde in den Kühlschrank stellen und Masse fest werden lassen.

6. Die Torte aus dem Kühlschrank nehmen. Den Springformrand entfernen und die Torte außen mit der restlichen Quarkmasse bestreichen. Anschließend wieder in den Kühlschrank stellen.

7. Vor dem Servieren die Schokolade in einem Topf schmelzen und auf dem Kuchen verteilen. Minze waschen, trocken schütteln und die Blätter abzupfen. Torte mit den restlichen Beeren und den Minzeblättern garnieren und noch mal ca. 30 Minuten kalt stellen.

*Pro Stück: 138 kcal,
5,4 g Eiweiß, 9,1 g Fett,
2,7 g Kohlenhydrate*

Fruchtsalat mit Frischkäsecreme

Für 2 Personen
Zubereitungszeit: 10 Minuten

Zutaten:

2 Birnen (z. B. Nashi-Birnen)
200 g Himbeeren
Saft von ½ Zitrone
¼ Bund Minze
100 g Frischkäse (20 % Fett)
4 EL Erdbeersaft (Reformhaus)

1. Die Birnen schälen, vierteln, das Kerngehäuse entfernen und Fruchtfleisch in feine Scheiben schneiden. Die Himbeeren verlesen, waschen und abtropfen lassen. Beides in eine Servierschüssel geben und mit dem Zitronensaft vermischen.

2. Die Minze waschen, trocken tupfen, die Blätter abzupfen und fein hacken.

3. Frischkäse und Erdbeersaft in einer Schüssel verrühren und die Minze unterheben. Frischkäsecreme. Zusammen mit dem Obst servieren.

*Pro Person: 223 kcal,
7,1 g Eiweiß, 9,1 g Fett,
22,5 g Kohlenhydrate*

Avocadocreme mit Melonen-Orangen-Mix

Für 2 Personen
Zubereitungszeit: 20 Minuten

Zutaten:

80 g Kokosflocken
1 Orange
½ Honigmelone (ca. 400 g)
1 Prise Salz
1 EL Honig
1 reife Avocado
100 g Schlagsahne

1. Die Kokosflocken in einer heißen Pfanne ohne Fett goldgelb rösten, dann beiseite stellen.

2. Die Orange so schälen, dass auch die weiße Haut entfernt wird. Die Fruchtfilets mit einem scharfen Messer vorsichtig aus den Trennhäuten lösen und den dabei austretenden Saft auffangen.

3. Die Melone schälen, entkernen und in kleine Würfel schneiden.

4. Die Orangenfilets in einer Schüssel mit Salz und Honig vermischen und die Melonenwürfel zugeben.

5. Für die Avocadocreme die Avocado längs halbieren, entsteinen und das Fruchtfleisch aus der Schale löffeln. In einen hohen Rührbecher geben, den aufgefangenen Orangensaft zufügen und Avocado mit einem Stabmixer pürieren.

6. Die Sahne in einer Schüssel mit dem Handrührgerät steif schlagen und unter die Avocadomasse heben. Die Avocadocreme abwechselnd mit dem Melonen-Orangen-Mix in Gläser füllen. Mit den gerösteten Kokosflocken bestreuen und servieren.

Pro Person: 510 kcal, 6 g Eiweiß, 42 g Fett, 26 g Kohlenhydrate

Apfel-Schichtpfanne

Für 4 Personen
Zubereitungszeit: 45 Minuten

Zutaten:

Für die Crêpes:
2 Eier (Größe M)
1g Johannisbrotkernmehl
20 g gemahlene Mandeln
30 g Eiweißpulver (neutral)
80 ml Milch (1,5 % Fett)
Mark von 1 Vanilleschote
1 TL Walnussöl
10 g Butter

Für die Füllung:
800 g Speisequark (20 % Fett)
1 Eiweiß plus 2 Eigelb (Größe L)
10 g Butter
40 g Mascarpone
1 TL gemahlener Zimt
20 ml Milch (1,5 % Fett)
Saft von 1 Zitrone
80 g ungesüßtes Apfelmus

1. Backofen auf 160 °C Umluft vorheizen.

2. Für den Crêpeteig Eier, Johannisbrotkernmehl, Mandeln, Eiweißpulver, Milch, Vanillemark und Walnussöl in eine Schüssel geben und mit einem Stabmixer fein pürieren.

3. Eine ofenfeste Pfanne erhitzen und ¼ der Butter darin schmelzen. ¼ des Teiges hineingießen, verlaufen lassen und den Crêpe von beiden Seiten goldbraun ausbacken. Herausnehmen. Diesen Vorgang noch 3-mal wiederholen.

4. Den Quark in ein Geschirrtuch geben und vorsichtig auspressen. Das Eiweiß in eine Schüssel geben, mit dem Handrührgerät steif schlagen und beiseite stellen. Das Eigelb in einer weiteren Schüssel schaumig rühren. Butter, Mascarpone, Zimt und Milch zugeben und alles gut verrühren. Danach den Quark und den Zitronensaft zufügen und zum Schluss vorsichtig den Eischnee unterheben.

5. Nun wie bei einer Lasagne Quarkmasse, Apfelmus und Crêpes in die ofenfeste Crêpepfanne schichten. Dazu den Pfannenboden mit 1 Crêpe auslegen und darauf etwas Apfelmus verstreichen. Anschließend etwas Quarkmasse daraufgeben. Den Vorgang wiederholen, bis alle Zutaten aufgebraucht sind. Den Abschluss bildet die Quarkmasse.

6. Die Schichtpfanne im Backofen (Mitte) 25–30 Minuten backen. Zum Servieren in 4 gleich große Stücke teilen.

Pro Person: 360 kcal,
24 g Eiweiß, 26 g Fett,
8 g Kohlenhydrate

Banane im Kokos-Mohn-Mantel

Für 2 Personen
Zubereitungszeit: 20 Minuten

Zutaten:

2 Bananen (ca. 300 g)
1 EL Eiweißpulver (neutral)
1 Ei (Größe M)
50 g Kokosflocken
10 g Mohn
1 EL Erdnussöl
1 TL Honig
80 g Frischkäse (20 % Fett)

1 Die Bananen schälen, halbieren und in Stücke schneiden. Mit einem Küchenpapier abtupfen und mit dem Eiweißpulver bestäuben.

2 Das Ei in einer Schüssel mit dem Schneebesen verquirlen. Kokosflocken mit dem Mohn auf einem Teller vermischen. Die Bananenstücke zunächst im Ei und anschließend in der Kokos-Mohn-Mischung wälzen.

3 In einer Pfanne Erdnussöl erhitzen. Die Bananenstücke darin rundum goldbraun ausbacken, herausnehmen und kurz beiseite stellen.

4 Den Honig in die Pfanne geben, erhitzen und mit dem Frischkäse ablöschen. Die Bananen vor dem Servieren kurz in dieser Sauce schwenken.

Tipp

Beim Einkauf von Erdnussöl sollten Sie darauf achten, dass es klar und ohne Trübungen ist, denn dies könnte ein Anzeichen für ranziges Öl sein. Lagern Sie das Öl an einem lichtgeschützten, kühlen Ort und verschließen Sie es nach jedem Gebrauch sofort wieder.

Pro Person: 290 kcal, 12 g Eiweiß, 21 g Fett, 14 g Kohlenhydrate

Mit dem richtigen Frühstück optimal in den Tag starten

Als ich ein Kind war, pflegte meine Großmutter zu sagen: »Das Frühstück ist die wichtigste Mahlzeit des Tages«, und strich mir dabei dick Butter auf mein Brot. So hielt ich diesen Grundsatz in Ehren, fühlte mich stets bestätigt, wenn ich ihn irgendwo hörte, und hinterfragte ihn nie. Klang ja auch irgendwie logisch – ein reichhaltiges Frühstück schenkt uns Energie, die wir für einen guten Start in den Tag brauchen.

Die wissenschaftliche Bestätigung dieser Hypothese gestaltet sich schwierig, da die Vergleichbarkeit der durchgeführten Studien mitunter fehlt und generalisierende Aussagen daher nicht möglich sind. Es gibt sogar Stimmen, die behaupten, zu frühstücken sei schädlich für unsere Gesundheit. *Breakfast is a dangerous meal* (»Frühstück ist eine gefährliche Mahlzeit«) heißt das Buch des Biochemikers Terence Kealey, über das ich in meiner Recherche gestolpert bin und das eine Abhandlung über das Risiko einer steigenden Insulinresistenz durch morgendliches Essen enthält.[42]

Für Menschen mit kognitiven Einschränkungen hingegen ist die von meiner Großmutter verwendete Lebensweisheit wahrlich plausibel: Viele Betroffene sind morgens fitter, das Gehirn ist noch nicht Tausenden von Reizen ausgesetzt gewesen, die Belastbarkeit ist höher. Gegen Abend ist die eh schon eingeschränkte Konzentrationsfähigkeit häufig erschöpft, und dem Abendessen genug Aufmerksamkeit zu schenken fällt zunehmend schwer. Ein reichhaltiges Frühstück in ruhiger und entspannter Atmosphäre ist da Gold wert – und dem Ideenreichtum sind keine Grenzen gesetzt. Egal, ob süß oder herzhaft, erlaubt ist erst mal, was guttut (und irgendwie doch auch gesund ist, aber dazu gleich mehr). Klar ist: Ein klassisches Frühstück mit Müsli, Brötchen, Croissants, Marmelade und Orangensaft schlägt schon früh am Morgen richtig dicke mit dem Kohlenhydrathammer zu. Die Folge: Leistungstief am Vormittag und Hunger auf weitere kohlenhydrathaltige Speisen. Ein mögliches Leistungstief mag für eine Person mit kognitiven Einschränkungen kein Argument sein, für Sie als Angehörige aber vielleicht schon! Mit einem Low-Carb-Frühstück starten Sie beide voller Energie in den Tag, sind fit und leistungsfähig und bleiben lange satt.

Haben Sie schon einmal herzhafte Muffins gebacken? Die kleinen Küchlein sind auf ganz unterschiedliche Weise praktisch: Sie sind genial einfach zuzubereiten, können mit den verschiedensten Zutaten verfeinert werden und ergeben eine angenehme Portion für zwischendurch – oder eben als Bestandteil eines leckeren Frühstücks. Wenn jemand mit kognitiven Einschränkungen Schwierigkeiten hat, mit Messer und Gabel umzugehen, so lassen sich Muffins auch mit den Fingern essen. Und wer gerne herzhaft frühstückt, kann sie einfach mit Gemüse oder Speck zubereiten.

Bei Milchprodukten können Sie guten Gewissens zur vollfetten Variante greifen. Damit sammeln Sie Pluspunkte in Sachen Geschmack und Sättigung. Stehen lassen sollten Sie dagegen die unzähligen Zubereitungen wie Fruchtbuttermilch, Joghurtspeisen oder Schokomilch. Mit ihnen wandern jede Menge Zucker- und Aromastoffe in den Einkaufskorb und später in Ihren Magen. Auch geschmacklich können diese Produkte nicht mit selbst zubereiteten Fruchtjoghurts und -quarkspeisen mithalten. Denn da, wo Erdbeere draufsteht, ist nur selten auch wirklich Erdbeere drin. Stattdessen gaukelt eine Vielzahl an Aromastoffen einen vermeintlich natürlichen Geschmack vor.

Ein Klassiker für gesundheitsbewusste Esser ist natürlich – als Basis – eine Schüssel mit gesundem Joghurt und anderen natürlichen Zutaten. Gerne mit Beeren, denn die haben richtig Power! Nüsse und Samen gehören ebenfalls unbedingt in Ihren Einkaufskorb. Sie haben in puncto Eiweiß, Ballaststoffe, gute Fette sowie Vitalstoffe eine Menge zu bieten und eignen sich für eine kleine Knabberei zwischendurch, für selbst gemachte Müslimischungen oder für den knackigen Biss in frischen Salaten. Wenn Sie es damit nicht übertreiben, brauchen Sie sich auch nicht vor einem Kalorienüberschuss zu fürchten. Nüsse sind allerdings ziemlich empfindsame Genossen und daher nicht gerne an der frischen Luft. Am besten kaufen Sie daher ganze Nüsse mit Schale und knacken sie kurz vor dem Verzehr selbst. Ansonsten sollten Sie darauf achten, dass die Nüsse luft- und lichtgeschützt verpackt sind. Praktisch, aber nicht wirklich günstig ist es, bereits gemahlene Nüsse zu kaufen. Sie werden schnell ranzig, wenn sie erst mal mit Luft in Kontakt gekommen sind. Licht- und luftgeschützt aufbewahren sollten Sie beispielsweise auch Leinsamen, vor allem, wenn Sie ihn bereits geschrotet kaufen.

Warum nicht mal ein anderes Gemüse auf den Teller bringen als die uns liebsten Tomaten, Möhren oder Zucchini? Wir stellen Ihnen ein leckeres Rezept mit Auberginen vor, denn diese Eierfrucht ist voller gesunder Inhaltsstoffe. Egal, ob sekundäre Pflanzenstoffe oder Ballaststoffe – die Aubergine macht satt, bringt den Darm in Schwung, wirkt antientzündlich und antioxidativ. Außerdem enthält dieses Gemüse wenig Kohlenhydrate und ist damit ein richtiger »Schlankmacher«. Bei Menschen mit demenziellen Veränderungen oft nicht wirklich ein Argument, um sie zuzubereiten, leiden viele Betroffene doch eher unter Gewichtsverlust, als dass sie zunehmen würden. Aber für Sie als Angehörige ja vielleicht doch ein interessanter Fakt – schließlich sollen auch Sie schon morgens das Gefühl haben, sich etwas Gutes zu tun. Es gilt der Grundsatz: Lebensqualität bei Demenz schließt Sie unbedingt mit ein. Ein gutes Leben mit dieser Erkrankung wird erst dann möglich, wenn Sie als gesamte Familie und vor allem Sie als pflegende Angehörige stets genügend Kraft, Energie und Zuversicht haben, um für Ihren erkrankten Lieben da zu sein. Kleine Genuss-Oasen können da einen wertvollen Beitrag leisten, um Ihr Wohlbefinden zu steigern. Genießen Sie also Ihr Frühstück!

Ein wichtiger Grundsatz beim Umgang mit demenziell veränderten Personen ist es, sich nicht immer sklavisch an Regeln zu halten. So wichtig es ist, sich gesund zu ernähren, so wichtig ist es auch, die Menschen in ihren Bedürfnissen zu respektieren, gerade wenn sie aufgrund kognitiver Defizite nicht mehr so »funktionieren«, wie das in unserer so leistungsorientierten Gesellschaft gewünscht ist. Das bedeutet im Falle ihrer Frühstückszubereitung: Wenn der Appetit durch Süßes gesteigert werden kann und Ihr betroffener Angehöriger dann gut gelaunt in den

Tag startet, versuchen Sie es mal mit leckeren Schokopfannkuchen mit Kirschquark (siehe Seite 134). Sie werden außerdem sehen, die Pfannkuchen sind – verfeinert mit gemahlenen Mandeln –gesünder, als Sie vielleicht denken.

Zu guter Letzt noch ein Plädoyer für Smoothies: Diese Mixgetränke aus Gemüse, Obst und Milchprodukten sind deshalb so empfehlenswert, da sie im Gegensatz zu Fruchtsäften aus ganzen Früchten hergestellt werden und je nach verwendeten Zutaten voller unterschiedlicher Nährstoffe sind. Die Rezeptpalette ist unendlich groß und Ihrer Kreativität sind da keine Grenzen gesetzt. Wir zeigen Ihnen in diesem Kapitel zwei leckere Varianten, die bewusst nicht grün sind – auch wenn grüne Smoothies als super gesund gelten. In einem späteren Demenzstadium kann es nämlich zu einer Art Abneigung gegenüber grünen Lebensmitteln kommen, wenn die Betroffenen die Speisen verkennen und nicht mehr als solche einordnen können.

Egal, für welche Form des Frühstücks Sie sich entscheiden – bieten Sie ruhig mehrere Sachen an. Morgens, wenn die kognitiven Ressourcen bei demenziell veränderten Personen noch am höchsten sind, kann es ihr Wohlbefinden steigern, wenn sie die Wahl haben. Sie erleben eine Form der Selbstwirksamkeit, wenn sie sich ihr Lieblingsgericht selbst aussuchen können. Auch das Hantieren mit Zucker oder Salz oder das Bestreichen von Brot sollte so lange wie möglich selbstständig passieren, um solche Alltagsfertigkeiten durch Training so stabil wie möglich zu halten.

Fruchtiger Schoko-Haselnuss-Smoothie

Für 2 Personen
Zubereitungszeit: 10 Minuten

Zutaten:

50 g Blaubeeren
1 Mango
300 g Joghurt (3,5 % Fett)
250 ml Milch (3,5 % Fett)
100 g gemahlene Haselnüsse
5 Tropfen Stevia
50 g Schokolade
(mind. 85 % Kakaoanteil)

1. Blaubeeren verlesen und waschen. Mango schälen, aufrecht stellen und das Fruchtfleisch in groben Stücken vom Kern abschneiden.

2. Joghurt, Milch, Haselnüsse, Heidelbeeren, Mango und Stevia in einen Behälter geben und mit einem Stabmixer fein pürieren.

3. Etwas Schokolade für die Dekoration reiben, den Rest in einer hitzebeständigen Schüssel im Wasserbad schmelzen. Anschließend zur Nussmasse geben und noch mal mixen.

4. Den Shake in Glaser füllen, mit der restlichen Schokolade garnieren und servieren.

Pro Person: 765 kcal, 22,9 g Eiweiß, 55 g Fett, 39,4 g Kohlenhydrate

Tipp

Wer den Shake gerne etwas dickflüssiger und eiweißreicher mag, kann den Joghurt durch Magerquark ersetzen, dieser enthält 3-mal so viel Eiweiß wie Joghurt und hat eine deutlich festere Konsistenz.

Papaya-Erdbeer-Smoothie

Für 2 Personen
Zubereitungszeit: 10 Minuten

Zutaten:

200 g Erdbeeren
1 Papaya (ca. 150 g)
¼ Bund Minze
100 g Joghurt (3,5 % Fett)
100 ml Milch (3,5 % Fett)
100 ml Kokosmilch
1 TL Honig

1. Erdbeeren verlesen, entstielen und waschen. Papaya schälen, entkernen und grob würfeln. Die Minze waschen, trocken schütteln und die Blätter von den Stielen zupfen.

2. Joghurt, Milch, Kokosmilch, Erdbeeren, Papaya, die Hälfte der Minze und den Honig in einen Behälter geben und mit dem Stabmixer pürieren.

3. Den Shake in Gläser füllen, mit der restlichen Minze garnieren und servieren.

Tipp

Sollten Sie keine frischen Erdbeeren bekommen, können Sie tiefgekühlte Beeren verwenden.

Pro Person: 248 kcal, 5,8 g Eiweiß, 15,3 g Fett, 19,5 g Kohlenhydrate

Bunte Frühstücks-Muffins

Für 2 Personen
Zubereitungszeit: 30 Minuten

Zutaten:

2 Zwiebeln
2 rote Paprikaschoten
1 grüne Paprikaschote
¼ Bund Schnittlauch
80 g Kochschinken
(ca. 4 Scheiben)
4 Eier (Größe M)
8 dünne Scheiben
Frühstücksspeck
4 EL saure Sahne
Salz, Pfeffer

1. Den Backofen auf 180 °C Umluft vorheizen.

2. Die Zwiebeln schälen und in feine Würfel schneiden. Paprikaschoten putzen, waschen und ebenfalls klein würfeln. Schnittlauch waschen, trocken schütteln und in Röllchen schneiden. Den Kochschinken in dünne Streifen schneiden.

3. Die Eier in ein Glas aufschlagen und mit einer Gabel verquirlen. 4 Muffinförmchen jeweils mit 2 Scheiben Speck auslegen. Die Eier und die vorbereiteten Zutaten gleichmäßig auf die Förmchen verteilen. Die Muffins im Backofen (Mitte) 10–12 Minuten backen, bis die Eimasse fest gestockt ist.

4. Zum Servieren die saure Sahne mit Salz und Pfeffer würzen und jeweils 1 Klecks zu den Muffins geben.

Pro Person: 530 kcal, 28,7 g Eiweiß, 38,2 g Fett, 18,4 g Kohlenhydrate

Blaubeer-Kokos-Joghurt

Für 2 Personen
Zubereitungszeit: 15 Minuten

Zutaten:

150 ml Kokosmilch
150 g Joghurt (3,5 % Fett)
75 g Frischkäse (20 % Fett)
3 EL gemahlene Mandeln
2 EL Chiasamen
250 g Blaubeeren
2 TL ungesüßte Preiselbeeren

1. Kokosmilch, Joghurt und Frischkäse in eine Schüssel geben und mit einem Schneebesen cremig rühren. Dann Mandeln und Chiasamen untermischen.

2. Blaubeeren verlesen und waschen. Einige Beeren für die Garnitur zum Schluss beiseite legen.

3. In 2 Gläser schichtweise Kokoscreme, Preiselbeeren und Blaubeeren einfüllen. Mit einer Cremeschicht enden und das Ganze mit ein paar Blaubeeren garnieren.

Pro Person: 405 kcal,
15,4 g Eiweiß, 29,8 g Fett,
15,8 g Kohlenhydrate

Gefüllte Pflaumen mit Knusperhüttenkäse

Für 2 Personen
Zubereitungszeit: 15 Minuten

Zutaten:

6 große Pflaumen
12 Walnusskernhälften
100 g Hüttenkäse (10 % Fett)
1 Ei (Größe L)
80 g Haferflocken
1 TL Honig

1 Backofen auf 180 °C Umluft vorheizen.

2 Die Pflaumen waschen, halbieren und entkernen. Die Walnüsse in einer ofenfesten Pfanne ohne Fett 1–2 Minuten rösten. Pfanne vom Herd nehmen, Walnüsse herausnehmen und beiseite stellen. Pflaumenhälften in die Pfanne legen.

3 Den Hüttenkäse mit dem Ei, den Haferflocken und dem Honig in eine Schüssel geben und verrühren. Anschließend gleichmäßig in die Pflaumenhälften füllen und jeweils 1 Walnusshälfte daraufdrücken. Die gefüllten Pflaumen im Backofen (Mitte) 8–10 Minuten überbacken.

*Pro Person: 395 kcal,
30,3 g Eiweiß, 19,1 g Fett,
23,1 g Kohlenhydrate*

Auberginensandwich mit Avocadogemüse

Für 2 Personen
Zubereitungszeit: 20 Minuten

Zutaten:

2 kleine Auberginen (ca. 300 g)
½ Bund Basilikum
80 g Camembert
80 g gekochter Schinken (4 Scheiben)
Salz, Pfeffer
1 EL Eiweißpulver (neutral)
1 Avocado
1 Zwiebel
4 EL Olivenöl
edelsüßes Paprikapulver
2 Eier (Größe L)

1. Die Auberginen waschen, trocken reiben und den Stielansatz abschneiden. Von den Seiten der Auberginen der Länge nach jeweils ca. 2 cm wegschneiden. Diese Stücke würfeln.

2. Die Auberginen anschließend der Länge nach mit einem scharfen Küchenmesser in jeweils 4 Scheiben schneiden und diese nebeneinander auf ein Küchenbrett legen.

3. Das Basilikum waschen, trocken schütteln und die Blättchen abzupfen. Den Camembert in dünne Scheiben schneiden. 4 Auberginenscheiben jeweils mit Camembert, gekochtem Schinken und einigen Basilikumblättchen belegen. Anschließend mit den restlichen Auberginenscheiben bedecken. Das Ganze leicht zusammendrücken. Dann die Auberginen von beiden Seiten mit Salz und Pfeffer würzen und mit etwas Eiweißpulver bestäuben.

4. Die Avocado halbieren, entkernen, schälen und Fruchtfleisch in ca. 1 cm große Würfel schneiden. Zwiebel schälen und fein würfeln.

5. 1 EL Öl in einer beschichteten Pfanne erhitzen. Zwiebel, Auberginen- und Avocadowürfel darin in 1–2 Minuten goldbraun anbraten. Mit Salz, Pfeffer und Paprikapulver würzen.

6. Die Eier in einen tiefen Teller aufschlagen und mit einer Gabel verquirlen. Die Auberginensandwiches darin wenden, bis sie vollkommen mit Ei bedeckt sind. In einer weiteren großen beschichteten Pfanne das restliche Olivenöl erhitzen und die Auberginensandwiches darin in 10–15 Minuten von beiden Seiten goldbraun und gar braten.

Pro Person: 575 kcal, 31,4 g Eiweiß, 45,2 g Fett, 7,9 g Kohlenhydrate

7 Vor dem Servieren die Auberginensandwiches nochmals mit Salz und Pfeffer würzen und zusammen mit dem Avocadogemüse auf Tellern anrichten.

Hefestulle mit Tomatenomelett

Für 1 Brot (12 Scheiben)
Belag für 2 Portionen
Zubereitungszeit: 25 Minuten plus 40 Minuten Backzeit + Ruhezeit

Zutaten:

Für das Brot:
100 g Möhren
100 g gemahlene Mandeln
60 g Eiweißpulver (neutral)
25 g Weizenkleie
20 g geschrotete Leinsamen
1 TL gemahlenes Brotgewürz
½ TL Salz
½ TL Erythrit
½ Päckchen Trockenhefe
1 Ei (Größe M)
70 ml lauwarmes Wasser

Für den Belag:
4 Eier (Größe M)
4 EL Milch (3,5 % Fett)
4 TL frisch gehackte Kräuter
Salz, Pfeffer
5 g Butter
100 g Strauchtomaten

1 Für das Brot die Möhren putzen, waschen und sehr fein raspeln.

2 Mandeln, Eiweißpulver, Weizenkleie, Leinsamen, Brotgewürz, Salz, Erythrit und Trockenhefe in einer Schüssel miteinander vermischen.

3 Das Ei in eine Tasse aufschlagen und mit einer Gabel verquirlen. Mit den Möhren nach und nach und dem lauwarmen Wasser unter die Mandelmischung kneten. Den Teig abgedeckt an einem warmen Ort 2 Stunden gehen lassen.

4 Den Backofen auf 200 °C Umluft vorheizen. Ein Backblech mit Backpapier auslegen.

5 Den Teig zu einem Laib formen, auf das Backblech setzen und die Oberfläche mit Wasser benetzen. Im Backofen (Mitte) 10 Minuten backen. Dann die Backtemperatur auf 180 °C reduzieren und das Brot in ca. 40 Minuten fertig backen und auskühlen lassen

6 Für den Belag Eier, Milch, Kräuter, Salz und Pfeffer in einer Schüssel mit dem Scheebesen verquirlen. Die Butter in einer Pfanne zerlassen. Die Eiermischung hineingeben, stocken lassen, dann wenden und fertig backen.

7 4 Scheiben Brot abschneiden (den Rest anderweitig verwenden). Das Omelett vierteln und auf jede Scheibe Brot 1 Viertel legen.

8 Die Tomaten waschen, in Scheiben schneiden und auf dem Omelett verteilen. Abschließend mit Salz und Pfeffer würzen.

*Pro Person: 385 kcal,
30,6 g Eiweiß, 25,3 g Fett,
11,7 g Kohlenhydrate*

Herzhaftes Kürbis-Quark-Brot

Für 1 Kastenform (ca. 20 cm; 20 Scheiben)
Belag für 2 Personen
Zubereitungszeit: 15 Minuten plus Kühlzeit
Backzeit: 60 Minuten

Zutaten:

Für das Brot:
250 g Kürbis (z. B. Muskatkürbis)
5 Eier (Größe L)
100 g Haferkleie
500 g Speisequark (20 % Fett)
75 g Eiweißpulver (neutral)
100 g gemahlene Mandeln
50 g Kürbiskerne
1 Päckchen Backpulver
1 TL Salz

Für den Belag:
1 Mini-Römersalat
2 Tomaten
50 g Emmentaler
50 g Frischkäse (20 % Fett)
50 g Putenschinken

1. Backofen auf 180 °C Umluft vorheizen.

2. Den Kürbis schälen, entkernen und das Fruchtfleisch in etwa 2 cm große Würfel schneiden. Die Kürbiswürfel in einem Topf mit kochendem Wasser 4–5 Minuten garen. Anschließend in ein Sieb abgießen und in einem hohen Gefäß mit einem Stabmixer fein pürieren. Abkühlen lassen.

3. Die Kürbismasse in eine große Schüssel umfüllen, mit den übrigen Brotzutaten (20 g Kürbiskerne zum Garnieren beiseite legen) vermischen und mit dem Handrührgerät zu einem Teig verkneten. Eine Kastenform mit Backpapier auslegen. Den Teig hineingeben und glatt streichen. Die restlichen Kürbiskerne auf das Brot streuen und leicht andrücken. Das Brot im vorgeheizten Backofen (Mitte) ca. 50 Minuten backen.

4. Das Brot herausnehmen und auf einem Rost 10 Minuten abkühlen lassen. Dann aus der Form heben und komplett auskühlen lassen.

5. Für den Belag den Römersalat putzen, waschen und zerpflücken. Die Tomaten waschen und in Scheiben schneiden. Den Käse in Scheiben schneiden.

6. 4 Scheiben Brot abschneiden (den Rest anderweitig verwenden). Brotscheiben mit Frischkäse bestreichen und mit Salat, Schinken, Käse und Tomaten belegen.

Pro Person: 415 kcal, 37,9 g Eiweiß, 23 g Fett, 13,4 g Kohlenhydrate

Tipp

In der Gefriertruhe oder in Gefrierfächern kann das Brot, in Gefrierbeutel verpackt, einige Wochen eingefroren werden. Wenn Sie Brot in Scheiben geschnitten einfrieren, können Sie einzelne Scheiben im Toaster schnell auftauen.

Schokopfannkuchen mit Kirschquark

Für 2 Personen
Zubereitungszeit: 15 Minuten

Zutaten:

Für die Pfannkuchen:
2 Eier (Größe M)
1 EL Mandelmus
1 EL Kakaopulver
100 ml Milch (3,5 % Fett)
20 g gemahlene Mandeln
1 Msp. Vanillepulver
1 Prise Salz
1 TL Butter

Für den Kirschquark:
150 g ungezuckerte Sauerkirschen aus dem Glas
150 g Speisequark (20 % Fett)
1 Msp. Vanillepulver

1. Die Eier in eine Schüssel aufschlagen und mithilfe eines Schneebesens mit dem Mandelmus und dem Kakaopulver verrühren. Nach und nach die Milch untermischen und die gemahlenen Mandeln dazugeben. Alles zu einem glatten Teig verrühren. Mit Vanillepulver und Salz würzen. Teig 5 Minuten quellen lassen.

2. In der Zwischenzeit die Sauerkirschen in ein Sieb abgießen. Den Quark in einer Schüssel mit dem Vanillepulver würzen und die Kirschen unterziehen.

3. Eine Pfanne erhitzen und die Hälfte der Butter darin schmelzen. Die Hälfte des Teiges hineingießen, verlaufen lassen und den Pfannkuchen von beiden Seiten goldbraun ausbacken. Den Vorgang noch einmal wiederholen.

4. Die Pfannkuchen mit dem Kirschquark servieren.

Pro Person: 345 kcal, 23,9 g Eiweiß, 22,5 g Fett, 10,7 g Kohlenhydrate

Müslibirne mit Mascarponecreme

Für 4 Personen
Zubereitungszeit: 25 Minuten

Zutaten:

Für die Birnen:
4 Birnen
1 Zitrone
40 g Butter plus mehr für die Form
80 g Schoko-Müsli (ohne Zucker)
100 ml Milch (3,5 % Fett)
1 Ei (Größe L)
½ TL Johannisbrotkernmehl
etwas gemahlener Zimt
1 TL Birnendicksaft

Zum Servieren:
30 g Schlagsahne
150 g Mascarpone
Mark von ¼ Vanilleschote (alternativ etwas Vanillepulver)
1 TL Birnendicksaft
200 g Johannisbeeren
½ Bund Minze

1. Backofen auf 180 °C Umluft vorheizen.
2. Die Birnen waschen und jeweils oben ¼ der Birne als Deckel abschneiden. Jeweils das Kerngehäuse herausstechen und dann das Fruchtfleisch vorsichtig herausschneiden. Dabei sollte rundherum ein Rand von 1½ cm stehen bleiben. Das ausgelöste Fruchtfleisch grob zerkleinern und in eine Schüssel geben.
3. Die Zitrone auspressen. Die Butter in einem Topf schmelzen. Die Birnen innen mit Zitronensaft beträufeln und außen mit etwas geschmolzener Butter bepinseln.
4. Eine Auflaufform dünn mit Butter einfetten. Restliche zerlassene Butter, Schoko-Müsli, Milch, Ei und Johannisbrotkernmehl zum Birnenfruchtfleisch geben und verrühren. Mit Zimt und Birnendicksaft abschmecken. Anschließend die Masse in die Birnen füllen und jeweils den Deckel aufsetzen Die gefüllten Birnen in die gefettete Form setzen und im Backofen (Mitte) 20–25 Minuten backen. Die Birnen sind fertig, wenn das Fruchtfleisch weich ist.
5. Für die Mascarponecreme Sahne in eine Schüssel gießen und mit einem Schneebesen aufschäumen. Mascarpone und Vanillemark zufügen und glatt rühren. Mit Birnendicksaft abschmecken.
6. Die Johannisbeeren waschen und von den Rispen streifen. Die Minze waschen, trocken schütteln und die Blätter abzupfen.
7. Zum Servieren jeweils 1 heiße Birne mit Mascarponecreme und Johannisbeeren auf 1 Teller anrichten und mit Minzeblättchen garnieren.

*Pro Person: 465 kcal,
14,6 g Eiweiß, 32,3 g Fett,
28,1 g Kohlenhydrate*

Mandel-Rosinen-Brötchen

Für 2 Personen
Zubereitungszeit: 40 Minuten

Zutaten:

- 2 EL gemahlene blanchierte Mandeln
- 1 TL Eiweißpulver (neutral)
- ½ TL Backpulver
- ½ TL Johannisbrotkernmehl
- 20 g Rosinen
- 3 Eier (Größe L)
- 1 Prise Salz
- 200 g Speisequark (20 % Fett)
- 3 Tropfen Stevia (optional)

1. Backofen auf 180 °C Ober-/Unterhitze (Umluft 160 °C) vorheizen. Ein Backblech mit Backpapier belegen.

2. Mandeln, Eiweißpulver, Backpulver und Johannisbrotkernmehl in einer Schüssel vermischen. Die Rosinen halbieren und zugeben.

3. Eier, Salz und Quark in einer Schüssel verrühren. Bei Bedarf mit Stevia süßen. Unter Rühren die Mandelmischung zugeben und alles mit dem Handrührgerät zu einem glatten Teig verkneten.

4. Aus dem Teig 4 gleich große Brötchen formen und auf das Backblech setzen. Im Backofen (Mitte) 15–20 Minuten backen. Anschließend auskühlen lassen.

Tipp

Als Belag eignet sich ein mit Haselnussmus und Zimt verfeinerter Quark.

Pro Person: 305 kcal, 30,3 g Eiweiß, 14,8 g Fett, 11,7 g Kohlenhydrate

Eierpfanne

Für 2 Personen
Zubereitungszeit: 15 Minuten

Zutaten:

4 Eier (Größe L)
4 EL Milch (3,5 % Fett)
1 EL frisch gehackter Dill
Salz, Pfeffer
200 g Nordseekrabbenfleisch
200 g Tomaten
50 g Champignons
1 rote Paprikaschote
2 EL Rapsöl

1. Eier, Milch und ⅔ des Dills in einer Schüssel mit dem Schneebesen verquirlen und mit Salz und Pfeffer würzen. Das Krabbenfleisch unterheben.

2. Die Tomaten waschen, vom Strunk befreien und in fingerdicke Scheiben schneiden. Champignons trocken mit Küchenpapier abreiben, putzen und vierteln. Paprika putzen, waschen und klein würfeln.

3. In einer beschichteten Pfanne 1 EL Öl erhitzen und Tomaten, Paprika und Champignons darin 3–4 Minuten anbraten. Mit Salz und Pfeffer würzen und auf 2 Tellern anrichten.

4. In der gleichen Pfanne das restliche Öl erhitzen, die Krabben-Ei-Masse hineingeben und unter gelegentlichem Rühren stocken lassen. Das Rührei auf dem Gemüse auf den Tellern verteilen und mit dem restlichen Dill bestreuen.

Pro Person: 415 kcal, 38,6 g Eiweiß, 24,8 g Fett, 9,2 g Kohlenhydrate

Genussvoll essen trotz Schluckstörungen

von Beate Lindner-Pfleghar

Das Schlucken ist ein vermeintlich ganz einfacher und automatisierter Vorgang, über den die meisten von uns noch nie nachgedacht haben. Wir schlucken ungefähr alle zwei Minuten unbewusst unseren Speichel. Eine kleine Mahlzeit braucht ca. 30 Schlucke, pro Tag schlucken wir durchschnittlich weit mehr als 1000 Mal. Wir essen und trinken, ohne uns dabei dieser so komplexen motorischen Aktivität wirklich bewusst zu sein. Schon im Mutterleib beginnt das Ungeborene zu schlucken, bereits ab der 10. Schwangerschaftswoche sind erste Schluckbewegungen im Ultraschall nachweisbar. Nach dem ersten Schrei wird der erste Schluck Muttermilch angeboten, das Baby saugt, und ab jetzt entwickelt sich die Schluckfunktion mit dem Ziel der Nahrungsaufnahme, gemessen an unserer Lebenszeit, rasant weiter und ist bald perfektioniert. Schon mit nur wenigen Zähnen beißen, kauen und schlucken kleine Kinder zunehmend auch festere Speisen, entwickeln ihren Geschmackssinn und ihre Vorlieben. Gegen Ende des 2. bis 3. Lebensjahres können alle Konsistenzen geschluckt werden. Im Erwachsenenalter essen und trinken wir, was und wie wir möchten. Wir ernähren uns nicht nur, essen und trinken, weil wir hungrig oder durstig sind – wir genießen mit allen Sinnen und denken allenfalls darüber nach, ob uns das, was wir essen und trinken, schmeckt, ob es uns guttut, ob wir satt sind oder nur aus Freude am Genuss etwas zu uns nehmen, und das am liebsten in Gesellschaft. Wenn wir Probleme mit den Zähnen, Mundtrockenheit, Missempfindungen oder Wunden, Schmerzen in der Mundhöhle haben, passen wir unsere Nahrungsmittelauswahl und das Ess- und Trinkverhalten unbewusst an die veränderten Gegebenheiten an.

Kaum jemand ist sich darüber im Klaren, dass diese selbstverständliche, genussvolle Tätigkeit ein hochkomplexer, halb automatischer, von acht Hirnnerven und mehr als 25 Muskelpaaren gesteuerter Ablauf ist. Er braucht eine präzise Steuerung und Aktivierung aller am Schlucken beteiligten Strukturen und muss in der richtigen Reihenfolge ablaufen, damit wir uns nicht verschlucken oder etwas »in den falschen Hals bekommen«. Das, was augenscheinlich ganz einfach und automatisch passiert, wird von unserem Gehirn perfekt auf die Millisekunde genau programmiert, damit die Nahrung schnell und sicher von der Mundhöhle in die Speiseröhre und dann in den Magen transportiert werden kann. Diese Programmierung sowie die muskuläre Umsetzung des Bewegungsablaufs »Schlucken« ist mitunter sehr störanfällig. Allein der Prozess des Alterns hat Einfluss auf die Schluckfunktion durch körperliche Veränderungen wie Kraftverlust durch Muskelabbau, nachlassende Speichelproduktion und eine Veränderung des Geschmacks- und Geruchsinnes oder des Appetits. Dies sind natürliche Prozesse, die zunächst keinen Auswirkung auf die Schlucksicherheit haben, wohl aber mitunter auf die Lebensqualität. Darüber hinaus gibt es eine Vielzahl von zum Beispiel neurologischen Erkrankungen, die durch die damit verbundenen Veränderungen im Gehirn (etwa bei Schlaganfall, der Parkinson-Erkrankung etc.) den gesunden, physiologischen Schluckablauf stören und so zu Komplikationen führen können. Diese können Mangelernährung (Malnutrition), gravierenden Flüssigkeitsverlust/Austrocknen (Dehydratation) und/oder schwere Lungenentzündungen (Aspirationspneumonie) bedingen oder auch »nur« eine deutliche Einschränkung der Lebensqualität durch mühsames Essen und häufiges Verschlucken bedeuten. Neben den körperlichen Folgen sind oft auch Angst und Vermeidung die Konsequenzen. Bei Demenzerkrankungen können im Krankheitsverlauf ebenfalls in unterschiedlicher Ausprägung Beeinträchtigungen des Schluckens auftreten, etwa im Sinne einer Schluckstörung (Dysphagie) oder auch Störungen der Nahrungsaufnahme im weitesten Sinne, im englischen Sprachraum *mealtime difficulties* genannt – das heißt Schwierigkeiten, die Mahlzeiten einzunehmen. Schluckstörungen bei Demenzerkrankungen werden in 20 bis 30 Prozent der Fälle von den Betroffenen selbst nicht wahrgenommen.[43] Auch die Angehörigen oder sonstige nähere Bezugspersonen tun sich schwer mit dem Erkennen der klinischen Anzeichen bzw. deren Einordnung. Um die Symptomatik verstehen und einordnen zu können sowie die richtigen Hilfen und Strategien abzuleiten, ist es daher hilfreich, dass wir uns zunächst den normalen, also den gesunden und ungestörten Schluckablauf vergegenwärtigen.

Definition:

Unter Schlucken versteht man Bewegungsvorgänge, im Rahmen derer ein rascher und sicherer Transport unterschiedlichen Materials von der Mundhöhle in den Magen erfolgt. ... Bei der Initiierung und im Verlauf des Schluckens spielen willentliche und/oder automatische, stets aber auch reflektorische Vorgänge eine Rolle.

Der Schluckvorgang läuft in vier bzw., je nach Betrachtungsweise, fünf aufeinanderfolgenden Phasen ab. Da insbesondere bei Menschen mit Demenz die präorale Phase, das heißt das Sehen, Wahrnehmen, Riechen der Speisen, der Appetit, die Handlungsplanung, der Antrieb etc. einer besonderen Aufmerksamkeit bedarf, wollen wir hier die präorale Phase – also die Phase vor dem eigentlichen Schluckvorgang – miteinbeziehen.

Die Schluckphasen

1 Die präorale Phase = die Vorbereitung auf die Nahrungsaufnahme

In der präoralen Phase sehen und riechen wir die Speise oder das Getränk. Das Essen oder Trinken wird unbewusst »geplant«, beeinflusst von Durst, Hunger, Appetit, Lust oder Unlust etc. Schon hier beginnt ein Teil der Verdauungsarbeit bzw. deren Vorbereitung. Uns läuft durch vermehrte Speichelproduktion »das Wasser im Mund zusammen« und die Magensäureproduktion wird angekurbelt. Das Hinführen zum Mund wiederum – abhängig von den motorischen Fähigkeiten, aber auch den kulturellen, sozialen Gewohnheiten und Regeln – erfordert das Abrufen des passenden Handlungsschemas. Welche Speise braucht welche Vorbereitung? Wie viel passt auf einmal in den Mund? Kann ich beißen und kauen, was auf dem Teller liegt? Nehme ich Besteck oder die Hände? Und vieles mehr ...

2 Die orale Vorbereitungsphase = die Vorbereitung in der Mundhöhle

In der oralen Vorbereitungsphase sammeln wir die Nahrung im Mund, analysieren sie und bereiten sie für den eigentlichen Schluck vor. Geschmack, Größe, Konsistenz, Form und Temperatur werden wahrgenommen und dahingehend geprüft, ob die Speise grundsätzlich genießbar, trinkbar, essbar, kaubar ist. Feste Speisen müssen präzise zerkleinert und eingespeichelt werden, was je nach Konsistenz, aber auch individueller Gewohnheit unterschiedlich lange dauert und willentlich beeinflussbar ist. Wir spüren und schmecken den »Bolus« (das, was wir im Mund haben), können ihn in der Mundhöhle zurückhalten und hin und her bewegen, bis die passende Konsistenz erreicht und der richtige Moment zum Schlucken gekommen ist. Zu diesem Zeitpunkt ist er dann schluckgerecht geformt und auf der wie eine Schüssel geformten Zunge platziert.

3 Die orale Transportphase = der Transport durch die Mundhöhle

Das Schlucken selbst wird entweder bewusst eingeleitet oder beginnt unbewusst automatisiert, wenn die Speise den hinteren Bereich der Mundhöhle erreicht hat (z. B. beim sukzessiven Kauen und Schlucken einer Scheibe Brot Bissen für Bissen oder Leertrinken eines Glases). Dann transportiert die Zunge die Speise oder die Flüssigkeit in einer wellenartigen Bewegung kontrolliert nach hinten in Richtung Gaumen und Rachen. Die Anspannung der Wangen sorgt dafür, dass möglichst wenig in den Wangentaschen liegen bleibt. Reste entfernen wir unbewusst gleich mit der Zunge und Schlucken nach, bis die Mundhöhle sauber ist. Die orale Transportphase endet jeweils mit der Auslösung des Schluckreflexes.

4 Die pharyngeale Phase = der Transport durch den Rachen

Die pharyngeale Phase beginnt mit der Auslösung des Schluckreflexes und ist nicht mehr willentlich steuerbar. Der Atem hält unwillkürlich an, und in weniger als 500 Millisekunden schließt und hebt sich der Kehlkopf, was man von außen als Aufwärtsbewegung des »Adamsapfels« sehen kann. Die Zunge katapultiert quasi die Speise nach hinten, diese wird durch den Rachen »getrieben« und vorbei am geschlossenen Atemweg in die für einen kurzen Moment geöffnete Speiseröhre befördert. Wenn sich der Kehlkopf wieder gesenkt hat, ist die Speise in der Regel komplett durch den Rachen transportiert, der Speiseweg weitgehend sauber und der Atemweg wieder geöffnet. Manchmal schluckt man je nach Schluck- oder Bolusgröße noch ein-, zweimal nach. Eine Störung in diesem sehr schnellen und komplexen Ablauf – das heißt ein Eindringen von Speise in den Kehlkopfeingang (Penetration) oder in die Luftröhre (Aspiration) oder ein Liegenbleiben von Resten im Hals (Retentionen) – führt beim Gesunden sofort zum reflektorischen Räuspern, Husten und/oder Nachschlucken. Dieses sind wichtige Schutzreaktionen, um die unteren Atemwege frei von Fremdkörpern zu halten.

5 Die ösophageale Phase = der Transport durch die Speiseröhre

In der ösophagealen Phase wird die Speise durch die Speiseröhre bis zum Mageneingang befördert. Der obere Speiseröhreneingang liegt hinter dem Kehlkopf. Er öffnet sich beim Schlucken, während sich der Kehlkopf nach vorne oben hebt und dabei den Atemweg verschlossen hält. Es dauert ca. 20 Sekunden, bis der Eingang in den Magen erreicht wird. Die Wegstrecke bis zum Magenpförtner und dem Übertritt in den Magen ist etwa 18 bis 25 cm lang. Je besser vorher das Kauen, Einspeicheln und Befeuchten der Nahrung war, umso besser kann der Bolus hinabgleiten. Trockene Schleimhäute, Entzündungen der Magen- und Speiseröhrenschleimhaut beeinflussen den Transport der Nahrung durch die Speiseröhre teilweise erheblich. Aufstoßen, Sodbrennen, Schmerzen hinter dem Brustbein sind typische Folgen. Ebenso können unwillkürlich einschießende Krämpfe der Speisröhre den Transport unterbrechen und sogar zu einem Wiederaufsteigen von bereits geschluckter Nahrung führen. All diese Symptome erfordern unbedingt eine internistische Abklärung

Ganz schön komplex, dieser so alltägliche Vorgang! Am besten spüren Sie beim nächsten Getränk oder der nächsten Mahlzeit selbst mal genau hin!

Je nach Art der Demenzerkrankung und des Krankheitsstadiums kann sich hinsichtlich der Schluckstörung eine ganz unterschiedliche Symptomatik zeigen.

Herr B. zum Beispiel, mit gemischter vaskulärer Demenz und schwerer Antriebsminderung, sitzt vor dem Teller und weiß nicht, wie er mit dem Essen beginnen soll. Frau F. nimmt ihr Frühstücksei aus dem Eierbecher und beißt hinein wie in ein geschältes hartes Ei oder eine Pflaume – erst beim Hineinbeißen bemerkt sie die harte Schale und weiß nicht weiter. Manchmal sind verbale Hinweise hilfreich – häufig aber auch nicht.

Ein kurzes, einleitendes oder korrigierendes Führen der Hand ohne viele Worte kann die Bewegungs- und Handlungsabfolge wieder in Erinnerung rufen und helfen, dass es selbstständig weitergeht.

Herr M. mit Alzheimer-Demenz zeigt ein unkontrolliertes Essverhalten, stopft und schlingt ohne ausreichende Kauphase mit der Gefahr, unzureichend zerkaute Nahrungsteile zu verschlucken. Hier ist es ratsam, das Angebot an Speisen grundsätzlich auf eher weiche homogene Kost zu beschränken – das heißt, die rohen Karotten oder den knackigen Apfel aus dem Blickfeld zu nehmen und als anregende Zwischenmahlzeiten lieber weiches Fingerfood anzubieten. Bei Frau D. mit fortgeschrittener Parkinson-Erkrankung und bereits beginnender Demenz ist immer wieder ein »Einfrieren« der Kaubewegung mit Schwierigkeiten, den Schluck einzuleiten, feststellbar. Die Kaubewegungen sind nicht ausreichend rotierend, wodurch feste Speisen nicht vollständig zwischen den Backenzähnen zermahlen werden. Teilweise kommt es zu »Pumpbewegungen« der Zunge. Nahrung und Flüssigkeit können unkontrolliert in die noch auf Atmung eingestellten Atemwege abgleiten und vor Auslösung des Schluckreflexes in den Kehlkopfeingang oder die Luftröhre gelangen. Bei der Parkinson-Erkrankung beispielsweise können alle Schluckphasen betroffen sein, auch die Speiseröhrenperistaltik. Bei dieser Erkrankung ist es generell ratsam, auch unabhängig von der demenziellen Entwicklung bei ersten Hinweisen auf das Vorliegen einer Schluckstörung ärztlichen und logopädischen Rat einzuholen und eine entsprechende Diagnostik und Behandlung einzuleiten. Hier kommt es nämlich häufig zu unbemerkten Resten im Hals oder zur sogenannten stillen Aspirationen, also einem Eindringen von Speisen oder Flüssigkeiten in die Luftröhre, ohne dass ein schützender Hustenreflex den Atemweg wieder reinigt. Eine detaillierte Untersuchung gibt Aufschluss darüber, welche Speisen auf welche Weise sicher geschluckt werden können.

Bei Schlaganfällen ist dies ebenso immer wieder der Fall, wobei sich hier in vielen Fällen unter Therapie die Schluckstörung zurückbilden kann – und WICHTIG: Häufig ist trotz Demenz eine Rehabilitation möglich! So zeigte zum Beispiel Herr R. nach einer Hirnblutung vor zehn Jahren mit Sprach- und Gedächtnisstörungen und kognitiven Beeinträchtigungen im Verlauf zunehmend Symptome einer gemischten Demenz. Sowohl vaskuläre Ursachen als auch eine Lewy-Body-Demenz standen im Raum. Eine Schluckstörung war nicht bekannt. Ein zweiter Schlaganfall brachte nun eine schwere Schluckstörung mit Aspiration von Flüssigkeiten mit sich, nachgewiesen in einer endoskopischen Schluckuntersuchung unmittelbar nach dem Schlaganfallereignis. Herr R. konnte nur fein passierte Kost unter therapeutischer und pflegerischer Aufsicht sicher ohne Verschlucken zu sich nehmen. Flüssigkeiten stellten ein zu großes Risiko dar. So konnte eine Lungenentzündung vermieden werden, die ihn sicher schwer belastet hätte. Im Verlauf besserte sich die Schluckstörung langsam, aber stetig. Da durch die apparative Schluckuntersuchung, das heißt die direkte endoskopische Beobachtung des Schluckens, sicher davon auszugehen war, dass Herr R. husten würde, wenn er sich verschluckte, konnte im Verlauf Schritt für Schritt die Kost wieder weitgehend normalisiert werden.

Diese Ausführungen zum Thema Schluckstörungen und die Beispiele dazu sollen Sie als Angehörige und Betreuende aufmerksam machen auf ein häufiges, aber eben nicht zwingend auftretendes Problem im Rahmen der Demenzerkrankung. Es soll Sie befähigen, wachsam zu beobachten, damit Sie bei Bedarf fachkundige Hilfe einholen können. Essen und Trinken sind ein wichtiges Stück Lebensqualität, und wie Sie gelesen und gesehen haben, ist Wohlfühlküche bei Demenz möglich. Aber häufig wird eben im Krankheitsverlauf auch die Schlucksicherheit ein bedeutsames Thema, um Komplikationen wie Lungenentzündung (Aspirationspneumonie), Mangelernährung (Malnutrition) oder Austrocknung (Exsikkose) zu vermeiden. Das Wichtigste ist zunächst, Anzeichen zu erkennen und die richtigen Experten zurate zu ziehen. Mit deren Hilfe, Tipps und Tricks, kleiner Rezeptvariationen und etwas Kreativität ist dann auch Wohlfühlküche mit Demenz und Schluckstörung möglich.

Kürbiscremesuppe

Für 2 Portionen

Zubereitungszeit: 15 Minuten

Zutaten:

½ Hokkaido-Kürbis (ca. 300 g)
1 Zwiebel
100 g Möhren
100 g Knollensellerie
1 TL Butterschmalz
Salz, Pfeffer aus der Mühle
400 ml Geflügelbrühe
50 ml Orangensaft
½ Bund Frühlingszwiebeln
2 Zweige Petersilie
2 EL saure Sahne

1. Den Kürbis waschen, entkernen und in grobe Stücke schneiden.
2. Die Zwiebel schälen und hacken. Die Möhren schälen, putzen und in grobe Scheiben schneiden. Den Sellerie schälen, waschen und grob würfeln.
3. Das Butterschmalz in einem Topf erhitzen, Kürbis und Zwiebeln darin glasig dünsten. Die Möhren und den Sellerie hinzufügen und unter Wenden dünsten. Mit Salz und Pfeffer würzen.
4. Geflügelbrühe und Orangensaft angießen, aufkochen lassen und alles zugedeckt ca. 15 Minuten köcheln lassen.
5. Die Frühlingszwiebeln putzen, waschen, in feine Ringe schneiden und in die Suppe geben.
6. Die Petersilie waschen, trocken tupfen und die Blätter abzupfen.
7. Die Suppe mit einem Stabmixer pürieren und nochmals mit Salz und Pfeffer abschmecken.
8. Zum Servieren die Suppe in Schalen füllen, Sauerrahm daraufgeben und mit Petersilie und frisch gemahlenem Pfeffer bestreuen.

Tipp

Sie können natürlich statt des Hokkaidos auch einen anderen Speisekürbis verwenden.

Pro Person: 175 kcal, 7,7 g Eiweiß, 11,1 g Fett, 11,9 g Kohlenhydrate

Expertentipp:

Für Betroffene ohne Schluckstörung kann das Rezept wie beschrieben zubereitet werden.

Die Kürbiscremesuppe hat auch eine ideale Konsistenz für all diejenigen, für die klare Flüssigkeit ein erhöhtes Verschluckrisiko darstellt und die eher nektarartige, sämige und weiche, homogene Speisen bevorzugen sollten. Je nach Ausprägung kann hier auch variiert und etwas weniger Gemüsebrühe verwendet werden, um bei Bedarf eine dickflüssige Konsistenz zu erreichen. Sicherheitshalber sollten Sie dann die **Garnitur mit Petersilie und Pfeffer weglassen**, da diese schwieriger zu schlucken ist und zu Hustenreiz führen kann. Sie können stattdessen zum Beispiel mit etwas Kürbiskernöl garnieren. Sollten sie das Ganze hochkalorisch zubereiten wollen, ersetzen Sie die saure Sahne durch Crème fraîche.

Champignonrahmsüppchen

Für 2 Personen
Zubereitungszeit: 20 Minuten

Zutaten:

200 g Champignons
200 g Knollensellerie
1 Zwiebel
1 EL Butter
Salz, Pfeffer aus der Mühle
1 TL Eiweißpulver (neutral)
75 g Schlagsahne
500 ml Gemüsebrühe
¼ Bund Petersilie

1. Pilze putzen, mit einem Küchentuch trocken abreiben und in feine Scheiben schneiden. Ein Paar Scheiben zur Dekoration beiseite legen. Sellerie putzen, waschen und fein würfeln. Zwiebel schälen und ebenfalls fein würfeln.

2. Butter in einem Topf erhitzen und Pilze und Zwiebel darin ca. 5 Minuten braten. Mit Salz und Pfeffer würzen. Das Eiweißpulver darüberstäuben und kurz anschwitzen. Sahne und Brühe einrühren. Die Suppe aufkochen und ca. 3 Minuten köcheln lassen.

3. Den Sellerie zufügen und weitere 5 Minuten köcheln lassen. Die Suppe mit einem Stabmixer fein pürieren und nochmals mit Salz und Pfeffer abschmecken.

4. Petersilie waschen, trocken schütteln und fein hacken. Die Suppe in Schalen oder Tellern anrichten und mit Petersilie, frisch gemahlenem Pfeffer und den verbliebenen Champignonscheiben garnieren.

Expertentipp:

Für Betroffene ohne Schluckstörung kann das Rezept wie beschrieben zubereitet werden. Das Champignonrahmsüppchen hat aber auch eine ideale Konsistenz für all diejenigen, für die klare Flüssigkeit ein erhöhtes Verschluckrisiko darstellt und die eher nektarartige, sämige und weiche, homogene Speisen bevorzugen sollten. Je nach Ausprägung, kann hier auch variiert und etwas weniger Gemüsebrühe verwendet werden, um bei Bedarf eine dickflüssige Konsistenz zu erreichen. Sicherheitshalber sollten Sie dann auch **die Garnitur mit Petersilie und Pfeffer aus der Mühle weglassen**, da diese schwieriger zu schlucken ist und zu Hustenreiz führen kann. Verwenden Sie stattdessen für die Optik und den Geschmack gemahlenen weißen Pfeffer und getrocknete, fein mit den Fingern zerriebene Petersilie.

Pro Person: 157 kcal, 6,5 g Eiweiß, 9 g Fett, 10,2 g Kohlenhydrate

Gemüseeintopf

Für 2 Personen
Zubereitungszeit: 20 Minuten

Zutaten:

1 kleiner Kohlrabi (200 g)
200 g Möhren
1 kleine Stange Lauch
200 g mehlige Kartoffeln
200 g grüne Bohnen
1 Zwiebel
1 EL Olivenöl
1 TL Currypulver
1 TL getrockneter Majoran
600 ml Gemüsebrühe
Salz, Pfeffer
frisch geriebene Muskatnuss
1 EL Limettensaft

1. Den Kohlrabi schälen und die Möhren putzen, waschen und in kleine Stücke schneiden. Den Lauch putzen, waschen und in Ringe schneiden. Die Kartoffeln schälen, waschen und würfeln. Die Bohnen putzen, waschen und halbieren. Die Zwiebel schälen und in kleine Würfel schneiden.

2. Einen Topf mit dem Öl erhitzen und die Zwiebel darin andünsten. Das Currypulver dazugeben und kurz anschwitzen. Das vorbereitete Gemüse und den Majoran hinzufügen, 8 bis 10 Minuten garen und dann mit der Brühe ablöschen. Brühe aufkochen lassen und Gemüse in ca. 15 Minuten weich kochen.

3. Den Eintopf mit Salz, Pfeffer, Muskatnuss und Limettensaft abschmecken.

Expertentipp:

Für Betroffene ohne Schluckstörung kann das Rezept wie beschrieben zubereitet werden. Der Gemüseeintopf ist auch für Betroffene mit leichten Schluckstörungen geeignet, wenn Sie darauf achten, dass insbesondere die Bohnen jung und weich gekocht und keinesfalls faserig sind. Ansonsten sollten Sie diese durch ein anderes Gemüse (z. B. Paprika oder Zucchini) ersetzen. Für den Fall, dass die gemischte Konsistenz aus flüssig und fest ein Verschluckrisiko birgt, können Sie das Gemüse mit dem Schaumlöffel entnehmen und Brühe und Gemüse getrennt anrichten. So lässt sich das Gemüse mit der Gabel genießen, und abwechselnd wird dazu die Brühe gelöffelt. Sollten Flüssigkeiten abhängig von der Schluckgröße kritisch sein, reichen Sie statt eines Suppenlöffels einen Teelöffel oder servieren die Brühe in einem speziell geeigneten Becher zur Regulierung der Schluckgröße.

Tipp

Sollten Sie das Ganze hochkalorisch zubereiten wollen, ersetzen Sie einen Teil der Gemüsebrühe durch Sahne.

Pro Person: 315 kcal, 11,1 g Eiweiß, 11,5 g Fett, 35,4 g Kohlenhydrate

Blumenkohl-Kartoffel-Eintopf

2 Personen
Zubereitungszeit: 35 Minuten

Zutaten:

1 Blumenkohl
200 g mehligkochende Kartoffeln
1 Zwiebel
1 EL Kokosöl
Salz, Pfeffer
Currypulver, gemahlene Kurkuma, getrocknete Petersilie
¼ l Gemüsebrühe
200 g Spinat

1. Blumenkohl putzen, in kleine Röschen teilen und waschen. Kartoffeln schälen, waschen und in kleine Würfel schneiden. Zwiebel schälen und in feine Streifen schneiden.

2. Einen Topf mit dem Kokosöl erhitzen und den Blumenkohl und die Kartoffeln darin in 6–8 Minuten von allen Seiten goldbraun braten. Zwiebelstreifen zugeben und weitere 5 Minuten garen. Mit Salz, Pfeffer, Currypulver, Kurkuma und Petersilie würzen.

3. Die Gemüsebrühe angießen, aufkochen und Eintopf 5–7 Minuten köcheln lassen.

4. Spinat waschen, trocken schütteln und kurz vor Ende der Garzeit zum Blumenkohl geben. Eintopf sofort servieren und genießen.

Expertentipp:

Für Betroffene ohne Schluckstörung kann das Rezept wie beschrieben zubereitet werden.

Der Blumenkohl-Kartoffel-Eintopf ist auch für Betroffene mit leichten Schluckstörungen geeignet, wenn Sie darauf achten, dass der Blumenkohl beim Anbraten keine Kruste bekommt. Für den Fall, dass eine gemischte Konsistenz aus flüssig und fest ein Verschluckrisiko birgt, können Sie das Gemüse mit dem Schaumlöffel entnehmen, bei Bedarf leicht mit der Gabel zerdrücken und Brühe und Gemüse getrennt anrichten. So lässt sich das Gemüse mit der Gabel genießen, und abwechselnd wird dazu die Brühe gelöffelt. Sollten Flüssigkeiten abhängig von der Schluckgröße kritisch sein, können Sie statt eines Suppenlöffels einen Teelöffel reichen oder servieren die Brühe in einem speziell geeigneten Becher zur Regulierung der Schluckgröße. Sollten grundsätzlich nur breiige Speisen möglich sein, pürieren Sie die Suppe mit einem Stabmixer und variieren dabei je nach gewünschter Konsistenz (sämig, dickflüssig, breiig) die Flüssigkeitsmenge.

Pro Person: 79 kcal,
5,4 g Eiweiß, 2,9 g Fett,
4,7 g Kohlenhydrate

Mediterrane Auberginen mit Selleriestampf

Zutaten:

2 kleine Auberginen (ca. 500 g)
Salz, Pfeffer
1 EL Eiweißpulver (neutral)
2 Eier (Größe L)
3 Fleischtomaten aus der Dose (ohne Schale)
1 Knoblauchzehe
2 EL Olivenöl
edelsüßes Paprikapulver
½ Sellerieknolle
1 TL Butter
100 ml Gemüsebrühe
1 EL Schmand
frisch geriebene Muskatnuss

1. Die Auberginen waschen, trocken reiben, den Stielansatz abschneiden und Fruchtfleisch in 1 cm dicke Scheiben schneiden. Die Auberginen anschließend nebeneinander auf ein Küchenbrett legen, von beiden Seiten mit Salz und Pfeffer würzen und mit etwas Eiweißpulver bestäuben.

2. Die Eier in einen tiefen Teller aufschlagen und mit einer Gabel verquirlen. Die Auberginenscheiben darin wenden, bis sie vollkommen mit Ei bedeckt sind.

3. Die Tomaten in grobe Würfel schneiden. Den Knoblauch schälen und fein würfeln oder mit der Knoblauchpresse zerdrücken.

4. 1 EL Öl in einer beschichteten Pfanne erhitzen. Knoblauch darin in 1–2 Minuten kross und goldbraun braten, dann die Tomaten zugeben und etwas köcheln lassen. Mit Salz, Pfeffer und Paprikapulver würzen.

5. In einer weiteren großen, beschichteten Pfanne das restliche Olivenöl erhitzen und die Auberginenscheiben darin 6–8 Minuten von beiden Seiten braten.

6. Den Sellerie putzen, schälen und in kleine Würfel schneiden. Butter in einem Topf schmelzen und Sellerie darin 1–2 Minuten anschwitzen und mit Salz und Pfeffer würzen. Mit Gemüsebrühe ablöschen und alles weitere 5 Minuten köcheln lassen. Anschließend Sellerie mithilfe eines Kartoffelstampfers je nach Bedarf zerstampfen. Schmand dazugeben und Püree mit Muskatnuss verfeinern.

7. Vor dem Servieren die Auberginen nochmals mit Salz und Pfeffer würzen und mit dem Tomatengemüse und dem Selleriestampf auf Tellern anrichten.

Pro Person: 285 kcal, 7,2 g Eiweiß, 15,1 g Fett, 14 g Kohlenhydrate

Expertentipp:

Für Betroffene ohne Schluckstörung kann das Rezept wie beschrieben zubereitet werden.

Das Gericht ist auch gut für Betroffene mit Schluckstörungen geeignet, die weiche, homogene und gut mit der Zunge zerdrückbare Speisen essen sollten. Achten Sie aber darauf, dass der gebratene Knoblauch gut weich gekocht ist und nicht als kleinkörniger Bestandteil in der Tomatensauce verbleibt, der für Menschen mit Schluckstörungen schwierig zu schlucken ist, ggf. pürieren Sie die Sauce kurz vor dem Servieren. Sollten grundsätzlich nur breiige Speisen möglich sein, pürieren Sie die Auberginen und die Tomaten jeweils mit einem Stabmixer und servieren die Auberginen als Püree und die Tomaten als dickflüssige Sauce. Sollten Sie das Ganze hochkalorisch zubereiten wollen, ersetzen Sie einen Teil der Gemüsebrühe durch Sahne.

Fischeintopf

Für 2 Personen
Zubereitungszeit: 40 Minuten

Zutaten:

2 rote Paprikaschoten ohne Schale aus dem Glas
1 Zwiebel
200 g Petersilienwurzel
2 EL Olivenöl
1 Knoblauchzehe
1 EL edelsüßes Paprikapulver
1 g getrockneter Majoran
1 TL gemahlener Kümmel
1 TL Currypaste
200 ml Fischfond
Salz, Pfeffer
300 g Rotbarschfilet (ohne Gräten, küchenfertig)
Saft von ½ Zitrone
¼ TL Cayennepfeffer
100 g Crème fraîche

1 Die Paprikaschoten in Streifen schneiden. Die Zwiebel schälen, halbieren und in dünne Streifen schneiden. Petersilienwurzeln putzen, schälen und in ca. 2 cm dicke Würfel schneiden.

2 Das Öl in einem Topf erhitzen und Paprika, Zwiebel und Petersilienwurzeln darin 5 Minuten anbraten. Dann Knoblauch schälen und durch eine Presse in den Topf drücken. Paprikapulver, Majoran, Kümmel und Currypaste zugeben und weitere 2 Minuten rösten. Mit Fischfond ablöschen, mit Salz und Pfeffer würzen und Gemüse weitere 15–20 Minuten köcheln lassen.

3 In der Zwischenzeit den Rotbarsch in ca. 2 cm große Würfel schneiden und mit Zitronensaft, Salz und Cayennepfeffer würzen. Den Rotbarsch in den Gemüseeintopf geben und das Ganze in weiteren 5–6 Minuten fertig garen. Nochmals mit Salz und Pfeffer nachwürzen.

4 Die Crème fraîche in einer Schüssel mit Salz und Pfeffer verrühren und vor dem Servieren in den Fischeintopf rühren.

Pro Person: 638 kcal, 45,5 g Eiweiß, 41,8 g Fett, 16,4 g Kohlenhydrate

Expertentipp:

Für Betroffene ohne Schluckstörung kann das Rezept wie beschrieben zubereitet werden.

Der Fischeintopf ist auch für Betroffene mit Schluckstörungen geeignet, sofern eine gemischte Konsistenz aus flüssig und fest kein Verschluckrisiko birgt. Aber auch in diesem Fall können Sie die weichen Bestandteile des Eintopfs mit dem Schaumlöffel entnehmen, bei Bedarf leicht mit der Gabel zerdrücken und Brühe und Gemüse getrennt anrichten. Die weichen Gemüse- und Fischteile sind im Mund gut mit der Zunge zerdrückbar und bieten trotzdem einen Kauanreiz. So lässt sich das Gemüse mit der Gabel genießen, und abwechselnd wird dazu die Brühe gelöffelt. Sollten Flüssigkeiten abhängig von der Schluckgröße kritisch sein, können Sie statt eines Suppenlöffels einen Teelöffel reichen oder die Brühe in einem speziell geeigneten Becher zur Regulierung der Schluckgröße servieren. Falls Dünnflüssiges grundsätzlich problematisch ist, pürieren Sie die Suppe mit einem Stabmixer und variieren dabei je nach gewünschter Konsistenz (sämig, dickflüssig, breiig) die Flüssigkeitsmenge. Sollten Sie das Ganze hochkalorisch zubereiten wollen, ersetzen Sie einen Teil der Gemüsebrühe durch Sahne.

Zanderfilet im Sud mit Erbsenpüree

Für 2 Personen
Zubereitungszeit: 40 Minuten

Zutaten:

400 g Zanderfilet (ca. 2 Filets, ohne Gräten, küchenfertig)
Salz
100 ml Gemüsebrühe
100 g Schlagsahne
30 g Butter
400 g TK-Erbsen
Pfeffer
1 TL Zitronensaft
Abrieb von 1 Bio-Zitrone

1. Die Zanderfilets waschen, mit Küchenpapier trocken tupfen, längs halbieren, in etwa 50 g schwere Portionsstücke schneiden und salzen.

2. Die Gemüsebrühe in eine hohe Pfanne geben und kurz aufkochen lassen. Dann die Zanderfilets hineinlegen und zugedeckt bei schwacher Hitze ca. 3 Minuten von jeder Seite gar ziehen lassen. Anschließend aus dem Sud nehmen, auf eine vorgewärmte Platte legen und warm stellen. Die Sahne zur Gemüsebrühe gießen und auf ⅔ der Menge einkochen lassen.

3. Währenddessen ⅓ der Butter in einem Topf schmelzen, die Erbsen ca. 5–6 Minuten darin garen, dann mit Zitrone, Salz und Pfeffer würzen und mit einem Stabmixer fein pürieren. Ebenfalls warm stellen.

4. Die verbliebene Butter in Würfel schneiden und nach und nach mit einem Schneebesen in die eingekochte Sahne-Brühe-Sauce rühren. Die Sauce nicht mehr kochen lassen!

5. Den Zander mit dem Erbsengemüse, dem Zitronenabrieb und der Sauce auf Tellern anrichten.

Expertentipp:

Das Gericht ist für Betroffene, die nur breiig-weiche Speisen essen sollten, sehr gut geeignet. Der Fisch ist weich und mit der Zunge gut zerdrückbar, bietet aber trotzdem einen Kauanreiz und ist geschmacksintensiv. Auch ohne ausreichenden Kauvorgang wird er im Mund schnell zu einem breiigen »Bolus«, der als Ganzes durch den Rachen gleitet.

*Pro Person: 640 kcal,
30 g Eiweiß, 26,7 g Fett,
27 g Kohlenhydrate*

Putengewürzhacksteak mit geröstetem Brokkolisalat

Für 2 Personen

Zubereitungszeit: 20 Minuten

Zutaten:

1 walnussgroßes Stück Ingwer
200 g Putenhackfleisch
1 Ei (Größe L)
2 g getrockneter Oregano
1 TL edelsüßes Paprikapulver
1 Msp. gemahlener Zimt
Salz, Pfeffer
1 Brokkoli (ca. 500 g)
4 EL Olivenöl
½ TL frisch geriebene Muskatnuss
1 Msp. gemahlener Kümmel
2 EL dunkler Aceto balsamico
2 Möhren
50 g Schlagsahne

1. Ingwer schälen und in kleine Würfel schneiden oder fein reiben. Das Putenhackfleisch in eine Schüssel geben und gut mit dem Ingwer, dem Ei und dem Oregano vermengen. Anschließend mit Paprikapulver, Zimt, Salz und Pfeffer würzen.

2. Den Brokkoli vom Strunk befreien, waschen und auf der Gemüsereibe fein hobeln. 2 EL Öl in einer beschichteten Pfanne erhitzen und den Brokkoli darin 8–10 Minuten bei geringer Hitze braten. Anschließend in eine Schüssel umfüllen, mit Muskat, Kümmel, Essig, Salz und Pfeffer würzen und beiseite stellen.

3. Möhren putzen, schälen und in feine Streifen schneiden. Möhren in einem Topf mit kochendem Salzwasser in 5–6 Minuten gar kochen. Durch ein Sieb abgießen. Möhren zum Brokkoli geben und die Sahne zugießen. Mit Salz und Pfeffer abschmecken.

4. Aus der Hackfleischmasse kleine Taler formen und platt drücken. Das restliche Öl in einer beschichteten Pfanne erhitzen und die Gewürzhacksteaks darin etwa 4–5 Minuten von jeder Seite braten. Mit dem Brokkolisalat servieren.

Pro Person: 192 kcal, 17 g Eiweiß, 14,1 g Fett, 1,9 g Kohlenhydrate

Expertentipp:

Für Betroffene ohne Schluckstörung kann das Rezept wie beschrieben zubereitet werden.

Das Putengewürzhacksteak mit geröstetem Brokkolisalat ist auch für Betroffene mit leichten bis mittelgradigen Schluckstörungen geeignet, wenn Sie darauf achten, dass beim Anbraten keine Kruste entsteht und das Fleisch weich bleibt. Je homogener die Masse ist, umso besser. Hierzu kann es auch hilfreich sein, den Ingwer fein zu reiben anstatt zu würfeln. Für den Fall, dass eine gemischte Konsistenz aus Festem und Flüssigem ein Verschluckrisiko birgt, sollten Sie darauf achten, dass bei dem Salat nur wenig oder keine Flüssigkeit auf dem Teller ist. Bei Bedarf kann man die beiden Gemüsesorten auch leicht mit der Gabel zerdrücken, um eine etwas homogenere Konsistenz zu erreichen.

Zucchiniauflauf

Für 2 Personen
Zubereitungszeit: 25 Minuten

Zutaten:

250 g Zucchini
1 rote Zwiebel
2 Knoblauchzehen
100 g Tomaten aus der Dose, ohne Schale
4 Eier (Größe L)
150 ml Milch(3,5 % Fett)
Salz, Pfeffer
geriebene Muskatnuss
1 EL Tomatenmark
2 EL Olivenöl
Fett für die Form
100 g saure Sahne

1. Den Backofen auf 180 °C Umluft vorheizen.
2. Die Zucchini putzen, waschen und in dünne Scheiben schneiden. Zwiebel und Knoblauch schälen und in feine Würfel schneiden. Tomaten halbieren.
3. Die Eier mit Milch, Salz, Pfeffer, Muskat und Tomatenmark in eine Schüssel geben und mit dem Schneebesen verquirlen.
4. Das Olivenöl in einer beschichteten Pfanne erhitzen und Zwiebel, Knoblauch und Zucchinischeiben darin 2–3 Minuten braten. Dann die Tomaten und die Eimasse dazugeben und alles verrühren.
5. Eine Auflaufform einfetten und die Masse hineinfüllen, gleichmäßig verteilen, mit Alufolie abdecken und 6–8 Minuten im Ofen (Mitte) stocken lassen.
6. Die saure Sahne auf dem Auflauf verteilen und diesen weitere 2–3 Minuten im Ofen backen.

Tipp
Anstelle von saurer Sahne können Sie auch Crème fraîche verwenden.

Pro Person: 496 kcal, 28,2 g Eiweiß, 36,7 g Fett, 11,7 g Kohlenhydrate

Expertentipp:

Der Zucchiniauflauf ist aufgrund der weichen, relativ homogenen Konsistenz ohne Flüssigkeit vor allem für Betroffene mit Schluckstörungen geeignet, die eine gemischte Konsistenz aus fest und flüssig vermeiden sollten. Das weiche Gemüse ist gut mit der Zunge zerdrückbar und bietet trotzdem einen gewissen Kauanreiz. Eine Krustenbildung durch das Überbacken sollte allerdings vermieden werden – oder Sie geben Ihrem Angehörigen einen Teil ohne Kruste.

Kokospudding mit Pflaumenmus

Für 2 Personen
Zubereitungszeit: 20 Minuten plus Kühlzeit

Zutaten:

250 ml Milch (1,5 % Fett)
100 ml Kokoscreme/-milch
Mark von 1 Vanilleschote
3 g Johannisbrotkernmehl
1 TL Agavendicksaft
300 g Pflaumenmus

1 Die Milch mit der Kokoscreme und dem Vanillemark in einem Topf verrühren und erhitzen. Das Johannisbrotkernmehl einrühren und den Agavendicksaft zugeben. Milchmischung kurz aufkochen lassen, von der Flamme nehmen und dann 10–15 Minuten quellen lassen.

2 Das Pflaumenmus gleichmäßig auf 2 Dessertschalen verteilen. Den Kokospudding umrühren und über die Pflaumen gießen. Den Pudding im Kühlschrank 30 Minuten kalt stellen.

Pro Person: 218 kcal, 7,9 g Eiweiß, 5,1 g Fett, 30 g Kohlenhydrate

Expertentipp:

Das Gericht ist besonders für diejenigen geeignet, die nur fein passierte Kost essen sollten. Auch bei teiloraler Ernährung zusätzlich zur Sondenernährung sind teelöffelgroße oder kleinere Mengen ein anregendes Geschmackserlebnis. Generell sollte man dabei anschließend auf eine gute Reinigung der Mundhöhle achten.

Löffelgemüse

Zum Schluss ein Tipp für den Fall, dass die Zeit zum Kochen knapp ist und Sie für Ihren Angehörigen aufgrund einer schweren Schluckstörung ausschließlich fein pürierte Speisen zubereiten sollten.

Oft verlieren breiige Speisen ihren Eigengeschmack, da man nur unter zusätzlicher Beigabe von Flüssigkeit (oftmals Wasser) beim Pürieren eine feine Konsistenz erreicht. Dies hat nicht nur Einfluss auf den Geschmack, sondern auch auf den Nährwert, da das Gericht quasi »gestreckt« wird und das gleiche Speisevolumen mehr Wasser und auch Luft enthält. Man muss extra würzen und anreichern, um eine Gewichtsabnahme und Mangelernährung zu vermeiden.

Expertentipp Löffelgemüse:

Jedes Gemüse mit eigenem, gebundenem Wasser wie zum Beispiel Kürbis (Butternut, Hokkaido), Süßkartoffel, Aubergine oder auch Spitzkohl lässt sich durch langsames Garen im Ofen zu geschmacksintensiven Brei-Mahlzeiten verarbeiten, die sich zudem noch ansprechend servieren und kreativ verfeinern lassen. Das Gemüse gart je nach Art und Größe 1–2 Stunden im Ofen »im eigenen Mantel« und muss dann je nach Geschmack und gewünschter Konsistenz nur noch mit der Gabel zerdrückt oder mit dem Stabmixer püriert werden.

Kürbis aus dem Ofen

Für 4 Personen
Zubereitungszeit: 75 Minuten

Zutaten:

1 Hokkaidokürbis
1 EL Tomatenmark
25 g Crème fraîche
25 g Schlagsahne
Salz, Pfeffer
1 EL geriebener Käse (z. B. Emmentaler oder Gouda)

1 Den Backofen auf auf 160 °C Umluft vorheizen.

2 Den Kürbis waschen, den Deckel abschneiden und die Kerne mit einem Löffel oder Eisportionierer herausschaben. Den Deckel wieder auflegen, den Kürbis auf den Ofenrost stellen und 60 Minuten im Ofen (Mitte) garen.

3 Kürbis aus dem Ofen nehmen und Fruchtfleisch mit einem Löffel auslösen (dabei die Schale nicht verletzen) und in eine Schüssel geben. Tomatenmark, Crème fraîche und Sahne zugeben und vermengen. Mit Salz und Pfeffer würzen.

4 Die Masse wieder in den Kürbis füllen, mit fein geriebenem Käse bestreuen und genießen.

Pro Person: 172 kcal, 4,1 g Eiweiß, 6,7 g Fett, 15,3 g Kohlenhydrate

Ofenkartoffel

Für 4 Personen
Zubereitungszeit: 80 Minuten

Zutaten:

4 große mehligkochende Kartoffeln (à ca. 200 g)
2 EL Rapsöl
2 TL Butter
Salz

1. Den Backofen auf 200 °C Ober-/Unterhitze (Umluft 180 °C) vorheizen.

2. Kartoffeln gründlich waschen und trocken tupfen. Auf ein Blech legen, mit Öl beträufeln und rundum einreiben. Kartoffeln 60–70 Minuten im Ofen (Mitte) backen, bis sie weich sind.

3. Die Kartoffeln herausnehmen, längs aufschneiden und mit dem Löffel aus der Schale nehmen, jeweils Butter darauf geben und mit Salz bestreuen. Gegebenenfalls mit der Gabel zerdrücken.

Tipp

Um zu testen, ob die Kartoffeln gar sind, einfach mit einem kleinen spitzen Messer in eine Kartoffel stechen. Ist kein Widerstand spürbar, ist die Kartoffel gar, falls doch, sollte sie noch etwas länger im Ofen bleiben.

Pro Person: 216 kcal, 7,1 g Eiweiß, 1,1 g Fett, 39 g Kohlenhydrate

Auberginen aus dem Ofen

Für 4 Personen
Zubereitungszeit: 45 Minuten

Zutaten:

4 Auberginen (a 200 g)
etwas Öl
Salz, Pfeffer

1. Den Backofen auf 200 °C Ober-/Unterhitze (Umluft 180 °C) vorheizen.

2. Die Auberginen waschen, trocken tupfen und den Stielansatz entfernen. Auf ein mit Backpapier belegtes Blech legen und etwa 30 Minuten im Ofen (Mitte) backen.

3. Auberginen aus dem Ofen holen und längs halbieren. Die Schnittflächen mit Öl einstreichen und leicht salzen und pfeffern.

Pro Person: 51 kcal, 3,6 g Eiweiß, 0,8 g Fett, 7,5 g Kohlenhydrate

Expertentipp:

Da die Auberginen bei dieser Zubereitungsart zwar sehr schön weich, aber eher faserig werden, sollten sie im Falle einer Schluckstörung je nach Schweregrad auf jeden Fall mit der Gabel gut zerdrückt oder mit dem Stabmixer püriert werden. Für eine »mediterrane Breimahlzeit« lassen sich die Auberginen auch gut mit einer sämigen Sauce aus passierten Tomaten kombinieren. Oder Sie unternehmen eine kleine Erinnerungsreise in Ihren letzten Spanienurlaub und richten die Aubergine zusammen mit einer kühlen und dickflüssigen spanischen Tomatensuppe wie Gazpacho oder Salmorejo an. Diese lässt sich gut vorbereiten und einige Tage im Kühlschrank aufbewahren. Ein kreativer Genuss, der vielleicht Erinnerungen weckt.

Literatur

1. GBD 2019 Dementia Forecasting Collaborators. »Estimation of the global prevalence of dementia in 2019 and forecasted prevalence in 2050: an analysis for the Global Burden of Disease Study 2019«. *Lancet Public Heal.* 2022;7(2):e105-e125. doi:10.1016/S2468-2667(21)00249-8
2. »Pflegereport 2030« der Bertelsmann Stiftung. https://www.bertelsmann-stiftung.de/de/unsere-projekte/abgeschlossene-projekte/pflege-vor-ort/projektthemen/pflegereport-2030/
3. https://www.deutsche-alzheimer.de/fileadmin/Alz/pdf/factsheets/infoblatt1_haeufigkeit_demenzerkrankungen_dalzg.pdf
4. https://www.spiegel.de/gesundheit/diagnose/deutschland-jedes-dritte-neugeborene-maedchen-wird-100-a-1263975.html (zuletzt aufgerufen am 10.09.2022)
5. https://www.nationale-demenzstrategie.de (zuletzt aufgerufen am 10.09.2022)
6. Vermunt, L., Sikkes, S. A. M., Hout, A. van den et al. »Duration of Preclinical, Prodromal and Dementia Alzheimer Disease Stages in Relation to Age, Sex, and APOE genotype«. *Physiol Behav.* 2018;176(1):139–148. doi:10.1016/j.jalz.2019.04.001.Duration
7. https://www.deutsche-alzheimer.de/fileadmin/Alz/pdf/factsheets/infoblatt1_haeufigkeit_demenzerkrankungen_dalzg.pdf
8. https://www.deutsche-alzheimer.de/fileadmin/Alz/pdf/factsheets/infoblatt4_genetik_dalzg.pdf
9. Lattanzio, L., Seames, A., Holden, S. K., Buard, I. »The emergent relationship between temporoparietal junction and anosognosia in Alzheimer's disease«. *J Neurosci Res.* 2021;99(9):2091–2096. doi:10.1002/jnr.24904
10. https://www.deutsches-pflegehilfswerk.de/demenz-formen/#Die_vaskulaere_Demenz (zuletzt abgerufen am 26.09.2022)
11. https://www.bmel.de/DE/themen/ernaehrung/ernaehrungsreport2021.html (zuletzt aufgerufen am 26.09.2022)
12. Dent, E., Hoogendijk, E. O., Visvanathan, R., Wright, O. R. L. »Malnutrition Screening and Assessment in Hospitalised Older People: A Review«. *J Nutr Heal Aging.* 2019. doi:10.1007/s12603-019-1176-z
13. Moreira, N. C. F., Krausch-Hofmann, S., Matthys, C. et al. »Risk factors for malnutrition in older adults: A systematic review of the literature based on longitudinal data«. *Adv Nutr.* 2016;7(3):507–522. doi:10.3945/an.115.011254
14. Volkert, D., Sieber, C. C., Wirth, R. »Ernährung bei Demenz: Neue Leitlinie der European Society for Clinical Nutrition and Metabolism«. *Deutsche Medizinische Wochenschrift.* 2016;141(11):762–766. doi:10.1055/s-0042-107088
15. Wojnar, J., Perrar, K. M. »Ernährung in der häuslichen Pflege von Menschen mit Demenz«. *Selbsthilfe Demenz.* BARMER Pflegekasse Wuppertal, Deutsche Alzheimer Gesellschaft e. V.; 2020
16. Volkert, D., Chourdakis, M., Faxen-Irving, G. et al. »ESPEN guidelines on nutrition in dementia«. *Clin Nutr.* 2015;34(6):1052–1073. doi:10.1016/j.clnu.2015.09.004
17. Tofiq, A., Zetterberg, H., Blennow, K. et al. »Effects of Peroral Omega-3 Fatty Acid Supplementation on Cerebrospinal Fluid Biomarkers in Patients with Alzheimer's Disease: A Randomized Controlled Trial –The OmegAD Study«. *J Alzheimer's Dis.* 2021;83(3):1291–1301
18. Rubenstein, L. Z., Harker, J. O., Salvà, A., Guigoz, Y., Vellas, B. »Screening for undernutrition in geriatric practice: Developing the Short-Form Mini-Nutritional Assessment (MNA-SF)«. *Journals Gerontol – Ser A Biol Sci Med Sci.* 2001;56(6):366–372. doi:10.1093/gerona/56.6.M366
19. Zielinski, J. » Die Bedeutung von ›Social Eating‹ für die Gesundheit«. Ernährung & Medizin 2018; 33: 170-173. doi:10.1055/s-0043-116304
20. Waselewski, M., Hoppe, K. »*Gerichte mit Geschichte. Ein Biografieorientiertes Kochbuch*«. Schlütersche, 2011
21. Alfini, A. J., Weiss, L. R., Nielson, K. A., Verber, M. D., Smith, J. C. »Resting cerebral blood flow after exercise training in mild cognitive impairment«. *J Alzheimer's Dis.* 2019;67(2):671–684. doi:10.3233/JAD-180728

22. Lehtisalo, J., Levälahti, E., Lindström, J. et al. »Dietary changes and cognition over 2 years within a multidomain intervention trial – The Finnish Geriatric Intervention Study to Prevent Cognitive Impairment and Disability (FINGER)«. *Alzheimer's Dement.* 2019;15(3):410–417. doi:10.1016/j.jalz.2018.10.001
23. Volkert, D. »Nutrition in dementia«. *Internist.* 2017;58(2):141–148. doi:10.1007/s00108-016-0177-9
24. Vormann, J., Tiedemann, K. *»Die Anti-Alzheimer-Formel. Essen gegen das Vergessen«*. Gräfe und Unzer, München 2014
25. Link, W. *»Low-Carb your life«*. systemed, Lünen 2016
26. Wolfram, G., Boeing, H., Dinter, J. et al. *»Fettzufuhr und Prävention ausgewählter ernährungsmitbedingter Krankheiten«*. Bonn 2015
27. »Fette«. Gesundheit.gv.at. https://www.gesundheit.gv.at/leben/ernaehrung/info/inhalt (zuletzt aufgerufen am 03.09.2022)
28. Wolfram, G., Bechthold, A., Boeing H., Ellinger S., Hauner H., Kroke A., Leschik-Bonnet E., Linseisen J., Lorkowski S., Schulze M., Stehle P., Dinter J. »Evidence-Based Guideline of the German Nutrition Society: Fat Intake and Prevention of Selected Nutrition-Related Diseases«. Ann Nutr Metab 2015;67:141–204. doi: 10.1159/000437243
29. »Coconut oil and dementia«. https://www.alzheimers.org.uk/about-dementia/treatments/alternative-therapies/coconut-oil-and-dementia
30. »Kokosöl – Wunderwirkungen sind nicht zu erwarten«. Bundeszentrum für Ernährung. https://www.bzfe.de/service/news/aktuelle-meldungen/news-archiv/meldungen-2018/januar/kokosoel/ (zuletzt aufgerufen am 03.09.2022)
31. Lauretti, E., Nenov, M., Dincer, O., Iuliano, L., Praticò, D. »Extra virgin olive oil improves synaptic activity, short-term plasticity, memory, and neuropathology in a tauopathy model«. *Aging Cell.* 2020;19(1):1–11. doi:10.1111/acel.13076
32. Pereira, M. A., Kartashov, A. I., Ebbeling, C. B. et al. »Fast-food habits, weight gain, and insulin resistance (the CARDIA study): 15-year prospective analysis«. *Lancet.* 2005;365(9453):36–42. doi:10.1016/S0140-6736(04)17663-0
33. Hahn, C. S., Scott, D. W., Xu, X. et al. »Association of insulin resistance with cerebral glucose uptake in late middle-aged adults at risk for Alzheimer's disease«. *JAMA Neurol.* 2015;1(3):1–21. doi:10.1001/jamaneurol.2015.0613.Association
34. Arendt, J. F. H., Horváth-Puhó, E., Sørensen, H. T. et al. »Plasma Vitamin B12 Levels, High-Dose Vitamin B12 Treatment, and Risk of Dementia«. *J Alzheimer's Dis.* 2021;79(4):1601–1612. doi:10.3233/JAD-201096
35. Valls-Pedret, C., Sala-Vila, A., Serra-Mir, M. et al. »Mediterranean diet and age-related cognitive decline: A randomized clinical trial«. *JAMA Intern Med.* 2015;175(7):1094–1103. doi:10.1001/jamainternmed.2015.1668
36. Estruch, R., Ros, E., Salas-Salvadó, J. et al. »Primary prevention of cardiovascular disease with a mediterranean diet supplemented with extra-virgin olive oil or nuts«. *N Engl J Med.* 2018;378(25):e34. doi:10.1056/nejmoa1800389
37. Andreu-Reinón, M. E., Chirlaque, M. D., Gavrila, D. et al. »Mediterranean diet and risk of dementia and alzheimer's disease in the epic-spain dementia cohort study«. *Nutrients.* 2021;13(2):1–19. doi:10.3390/nu13020700
38. Aregger, A., Auf der Maur, M., Bieler, K., Bieri-Brüning, G. *»Leitfaden Lebensende mit Demenz: Ein Leitfaden für Angehörige, gemeinsam erarbeitet von Angehörigen, Praktikerinnen/Praktikern und Forschenden«*. University of Zurich, Competence Center Gerontology 2018
39. Pleyer, B., Raidl, A. *»Ernährung im Alter – Praxishandbuch mit Checklisten für Pflege und Betreuung«*. Springer, Berlin, Heidelberg 2018
40. Freeman, C. R., Zehra, A., Ramirez, V., Wiers, C. E., Volkow, N. D., Wang, G. J. »Impact of sugar on the body, brain, and behavior«. *Front Biosci – Landmark.* 2018;23(12):2255–2266. doi:10.2741/4704
41. Dziewas, R., Pflug, C. et al. »Neurogene Dysphagie, S1-Leitlinie, 2020«, in: *Deutsche Gesellschaft für Neurologie (Hrsg.), Leitlinien für Diagnostik und Therapie der Neurologie. https//www dgn org/leitlinien* (zuletzt aufgerufen am 03.09.2022)
42. Terence Kealey. »Breakfast is a dangerous meal: why you should ditch your morning meal for health and wellbeing«. HarperCollins Publishers 2016
43. Prosiegel, M., Weber, S. *»Dysphagie – Diagnostik und Therapie. Ein Wegweiser für kompetentes Handeln«*. 3. Auflage. Springer, Berlin, Heidelberg 2018

Danksagung

Wir bedanken uns ganz herzlich bei der Logopädin, Expertin für Schluckstörungen und Autorin Beate Lindner-Pfleghar M. Sc. für die Ausarbeitung ebendieses Themenbereichs in unserer *Wohlfühlküche bei Demenz*. Es war uns eine große Freude!

Ebenfalls ganz herzlichen Dank an Prof. Dr. Christine von Arnim, Direktorin der Geriatrie an der Universitätsmedizin Göttingen, für die hilfreichen und inspirierenden Anregungen zu unserem Manuskript.

Danke an Juliane Rottach vom riva Verlag für die wertschätzende Betreuung unseres Projekts, an Andreas Fuchs für die hilfreichen Kommentare und an Sie, liebe Leserinnen und Leser, dass Sie dieses Buch in Ihren Händen halten. Viel Spaß beim Nachkochen unserer Wohlfühlküche und guten Appetit!

Über die Autoren

Dr. Sarah Straub

Die 1986 geborene Sarah Straub ist promovierte Diplom-Psychologin und forscht am Universitätsklinikum Ulm zum Thema Demenz. Als Leiterin einer Spezialsprechstunde für Patientinnen und Patienten mit Frontotemporaler Demenz begleitet sie seit über zehn Jahren betroffene Familien durch die Erkrankung.

Als Demenzexpertin ist sie beliebter Talkgast in unterschiedlichen Radio- und Fernsehformaten. Zudem unterrichtet die Gundelfingerin an der Universität Ulm und hält Vorträge für die Deutsche Alzheimer Gesellschaft. Dabei zeigt sie auf, was es bedeutet, wenn aus Vergesslichkeit Demenz wird, welche Aufgaben, aber auch welche Hilfsmöglichkeiten mit dieser Diagnose verbunden sind und wie das Endstadium dieser Erkrankung würdevoll gestaltet werden kann.

Sarah Straub ist zudem eine erfolgreiche Liedermacherin, die mit ihren Songs seit über zehn Jahren durch Deutschland tourt. Auch bei ihren vielen Konzertveranstaltungen klärt sie über das Thema Demenz auf, fördert auf diese Weise eine Enttabuisierung der Krankheit und setzt sich für eine gesellschaftliche Teilhabe für alle von Demenz betroffenen Menschen ein.

www.sarah-straub.de

Wolfgang Link

Jahrgang 1972, wuchs im mittelfränkischen Neuendettelsau auf. Nach seiner Ausbildung zum Koch und einigen Stationen in der Gastronomie verschlug es ihn in die Business-Gastronomie eines internationalen Automobilzulieferers, wo er heute den Catering-Service eines großen Standortes leitet. Die Liebe zum Beruf unterstrich er mit den Ausbildungen zum Diätcoach, Küchenmeister, technischen Betriebswirt und zum Logi-Low-Carb-Experten. Er kann vielseitige Erfahrungen in den Bereichen Ernährungsberatung, Kochkurse, Autorentätigkeit (Bestsellerautor mit mehr als 180.000 verkauften Exemplare) und Gastronomie-Konzepte vorweisen. Seine Motivation, sich rund um das Thema Demenz zu engagieren, entstand aus vielen Gesprächen mit Familie und Freunden. Er ist mit seinen Rezepten immer an der Seite der Menschen und versucht, sich der Problemstellung zu widmen, wie auch bei dem Thema *Wohlfühlküche bei Demenz*.

Außerdem ist er seit April 2014 in den erlesenen Kreis der Fernsehköche des *BR3* aufgenommen worden und zeigt mehrmals im Monat, wie lecker und raffiniert seine Küche schmecken kann.

Weiterführende Literatur für Angehörige und Interessierte

Straub, S. Wie meine Großmutter ihr ICH verlor. Demenz – Hilfreiches und Wissenswertes für Angehörige. Kösel, München 2021

Seyfert, O. Vom Privileg, einen kranken Vater zu haben. Westend, Frankfurt 2022

Bühner, T. Einfach lecker. Jeden Tag. Rezeptideen für sichereren Genuss bei Schluckstörungen. Nutricia, Erlangen. Kostenloser Download unter www.nutricia.de

Nißle, D., Husemeyer, I. M., Borasio, G. D. (Hrsg.). Ernährung bei Schluckstörungen. Kohlhammer, 8. überarbeitete Auflage, Stuttgart 2016

Elfmann, P. Mamas Alzheimer und wir. Erfahrungsbericht & Ratgeber. Mabuse, Frankfurt 2021

Baer, U., Schotte-Lange, G. Das Herz wird nicht dement: Rat für Pflegende und Angehörige. Beltz, 9. Edition, Weinheim 2017

Geiger, A. Der alte König in seinem Exil. dtv, 13. Edition, München 2012

Weiterführende Literatur für Kolleginnen und Kollegen

Dziewas, R., Pflug, C. et al. »Neurogene Dysphagie, S1-Leitline, 2020«, in: Deutsche Gesellschaft für Neurologie (Hrsg.). *Leitlinien für Diagnostik und Therapie in der Neurologie*. Online: www.dgn.org/leitlinien

Volkert, D., Chourdakis, M., Faxen-Irving, G. et al. »ESPEN guidelines on nutrition in dementia«. *Clin Nutr*. 2015;34(6):1052–1073. doi:10.1016/j.clnu.2015.09.004

Romero, B., Wenz, M. *Therapeutische Empfehlungen für Menschen mit Demenz. Selbsterhaltungstherapie (SET) im Krankenhaus*. Kohlhammer, 1. Auflage, Stuttgart 2018